湛庐 CHEERS

与最聪明的人共同进化

HERE COMES EVERYBODY

情绪稳定的父母养出幸福的孩子

아이를 위한 감정의 온도

［韩］韩成范 著 郑筱颖 译

中国纺织出版社有限公司

目 录

引　言　孩子是感受情绪温度长大的 /001

第一部分
写给父母的情绪温度

第 1 章　认识情绪才能看见孩子 /013

父母的角色从情绪教育开始 /014
从脑科学读懂情绪 行为受情绪支配的原因 /018
父母焦虑的情绪会感染孩子 /024
父母不了解孩子为何焦虑 /029
孩子们在家中感受到的情绪，爸妈知道吗？ /035

高情绪温度孩子的行为表现 /039

情绪的惯性 /044

从脑科学读懂情绪 破坏自主神经系统的情绪温度 /047

高情绪温度影响孩子的学习 /056

从脑科学读懂情绪 434位情绪家庭成员 /061

第2章 让父母情绪温度降低的方法 /067

父母是孩子的学习榜样 /068

孩子是世界上最珍贵的客人 /072

欲望是情绪的基石 /078

面子是情绪的碎石 /082

从脑科学读懂情绪 情绪决定记忆时间长短 /087

用意识放大镜检视情绪 /092

"给1斗还1升"的情绪 /095

从脑科学读懂情绪 记忆染上情绪的色彩 /100

拥抱自己的负面情绪 /106

抚平痛苦的情绪 /109

情绪也需要镇痛剂 /114

把情绪波动频率降至30赫兹以下 /119

第二部分
写给孩子的情绪温度

第 3 章　从孩子的视角看世界 /125

无力感来自孩子内心的不安 /126

生气是因为"想和你好好相处" /129

从脑科学读懂情绪　恐惧是为了生存而产生的情绪 /132

恐惧是自卑感的体现 /137

自我合理化的自卑情结 /140

自卑情结导致问题行为 /144

看待世界的探照灯——自我概念 /149

从脑科学读懂情绪　情绪的不同样貌 /152

像滚雪球般积累的负面情绪 /158

唯有降低情绪温度,才能开始学习 /165

第 4 章　让孩子情绪温度降低的方法 /171

用低沉、温柔的声音说话吧 /172

情绪的频率引发共鸣 /176

家常便饭就能让孩子手舞足蹈 /181
少说"去读书",多说"没关系" /186
让孩子自己选择吧 /191
给孩子一片空地休息 /195
情绪也是一种习惯 /199
情绪就像学骑脚踏车 /203
阅读是情绪的瑰宝 /207
从脑科学读懂情绪 情绪就像储存在大脑里的葡萄 /210
信任让情绪温度降低 /214
父母的情绪会影响孩子的情绪 /218
用"我爱你"回应孩子 /222
利用 21 天习惯养成法则,让孩子学会感恩 /228

结　语　孩子是看着父母的背影长大的 /233

作为父母，你了解如何稳定情绪吗？

- 父母情绪稳定意味着要一味地忍让孩子吗？（ ）

  A. 是

  B. 否

- 以感恩的视角看世界，会让我们的情绪更温和吗？（ ）

  A. 会

  B. 否

- 孩子打游戏生气时，与其大声呵斥孩子，不如：（ ）

  A. 和孩子一起玩

  B. 要求孩子回房间反省

  C. 给自己几分钟时间调整情绪，然后再跟孩子沟通

  D. 跟孩子妥协，要求其下次注意

扫码鉴别正版图书
获取您的专属福利

扫码获取全部
测试题及答案，
一起了解如何成为
情绪稳定的父母

扫描左侧二维码查看本书更多测试题

引 言

孩子是感受情绪温度长大的

通常,情绪越稳定的孩子,注意力越集中。注意力集中的孩子,成绩好的概率较高,因为做事不容易分心,能专注于课业学习。哈佛大学研究团队发现,决定一个人幸福的关键在于"关系"。与父母、兄弟姐妹关系融洽的孩子,更容易与朋友和睦相处,在进入社会后一般也能建立良好的人际关系。此外,懂得调适情绪的孩子,在成长过程中会比较幸福快乐。所谓调适情绪,并非一味"忍耐",而是通过正确的沟通方式,练习调适情绪的方法,进而迈向健康成长之路。

父母也是如此。即使他们没有在孩子面前流露出激动的情绪，不代表孩子感受不到父母情绪的温度。孩子甚至可以从父母的表情、动作中感受到他们的情绪。比起言语表达，情绪温度或许会被更直接、更迅速地传达给孩子。因此，没有大吼大叫或暴怒，并不表示你的情绪控制就是适宜的。

仅通过呼吸的空气，你就能传达情绪的温度，这就是为什么我们必须通过本书学习调适情绪的方法。我从事教职二十余年，见过无数的孩子，本书是我以长期积累下来的实战经验为基础，和同行伙伴们一起研究脑科学与情绪的成果，是为父母和孩子而写的。

为何必须关注情绪？

人们都说韩国人似乎特别"爱生气"，因为一时情绪激动而导致犯罪的情况也不在少数。然而，从事教职多年，我一直在观察孩子们，逐渐意识到这并不是只有出现在新闻上的成年人才会出现的事。比起10年前，在课堂上为了一些小事怒吼或乱丢东西的孩子越来越多。就连低年级的孩子，也动不动就大吼大叫，做出令人难以理解的激烈举动，疑似

引　言　孩子是感受情绪温度长大的

患有我们常说的情绪障碍症。许多老师纷纷表示，以前很少看到孩子这样，但现在这种情况却成为常态。为什么这样的孩子越来越多？仅以现代孩子提早进入青春期为由，似乎不足以说明问题。

就连父母也明显感受到了孩子的改变。很多父母抱怨，不知道为什么孩子会突然性情大变，明明小时候不会这样，长大后却像变了一个人。即使他们训斥孩子，也只是暂时有效。他们又担心经常对孩子发脾气，和孩子起冲突，会破坏亲子关系，于是内心很矛盾。难道真的只是因为孩子提早进入青春期才会这样，只要过了这个阶段就没事了吗？又或者孩子会有这样的表现，其实另有原因？或许孩子们的这种行为，是在向父母发出"我现在很痛苦"的求救信号？若是如此，我们就不能只用青春期的说法敷衍过去，必须认真看待孩子的情绪问题。

当我们的心情变差或与他人的关系出现问题时，我们往往不认为这与情绪有关。但事实上我们在生活中遇到的许多问题都和情绪有关。人是受情绪影响大于理性思考的动物，这并不是因为人的意志薄弱，而是因为人的大脑在进化的过程中就是如此发展的。因此，当理智和情绪发生冲突时，我们往往会依据情绪采取行动。虽然情绪是影响我们生活的重要因素之一,但我们对情绪的了解却少之又少。

父母往往对孩子的认知发展较为关注,却不重视孩子的情绪发展,甚至对此漠不关心。他们不会仔细观察孩子的负面情绪,或引导孩子处理情绪,只会一味地逃避或压制。面对易怒的孩子,他们通常只会告诉孩子要忍耐,要学会控制脾气。

虽然孩子表面上暂时风平浪静,但压抑在内心深处的负面情绪并没有消失,怒火仍在内心深处熊熊燃烧,就像随时可能爆发的火山。像这样不断燃烧的情绪,不但会影响孩子的成长,也是造成父母与孩子互相伤害的原因。

如果父母希望孩子顺利度过青春期,想要好好理解孩子,并知道如何引导孩子朝正确的方向前进,那就绝对不能忽视情绪,必须好好观察情绪从何而来,了解情绪在关系中如何产生作用。

调适情绪的能力并非与生俱来,而是后天习得的,是通过与父母和兄弟姐妹相处,或在人际交往中习得的。本书正是从情绪温度出发，探讨如何帮助孩子认识情绪，找到让孩子情绪稳定的答案。

情绪温度

美国心理学家詹姆斯·罗素（James Russell）提出的"情绪环状模型"理论将人的 28 种情绪分成正面和负面两种，并按照情绪强度等级绘制成坐标图，如图 0-1 所示。图的横轴表示情绪的愉悦程度，纵轴表示情绪强度。从罗素提出的情绪环状模型，就能看出我们主要感受到的情绪位于图中的哪个位置。就像温度计会依靠水银的膨胀程度显示温度变化一样，情绪也会按照愉悦程度和强度，显示在图中的不同位置，我将此定义为"情绪温度"。

然而，情绪相关研究人员和教育领域人士表示，孩子感受到的情绪强度和情绪不适程度正在逐渐增加，在图 0-1 中呈现的趋势是由右往左移动。此外，图 0-1 所示的中等强度的情绪，在孩子身上也开始出现上升趋势。例如，当孩子与朋友发生轻微冲突时，孩子原本应该出现类似失望的情绪，而现在越来越多的孩子却呈现出更激烈的愤怒情绪。

如果人的情绪温度趋于极端，势必会消耗大量的情绪能量，这不仅会让人感到身心俱疲，人际关系也容易受挫。因此，让孩子的情绪温度降低是很重要的。当孩子的情绪温度降低后，孩子可以通过练习觉察进一步处理自己的情绪，才能与他人建立稳定的关系，也比较能理解他人的感受。神奇的是，孩子的学习动力也会随之大幅提升。

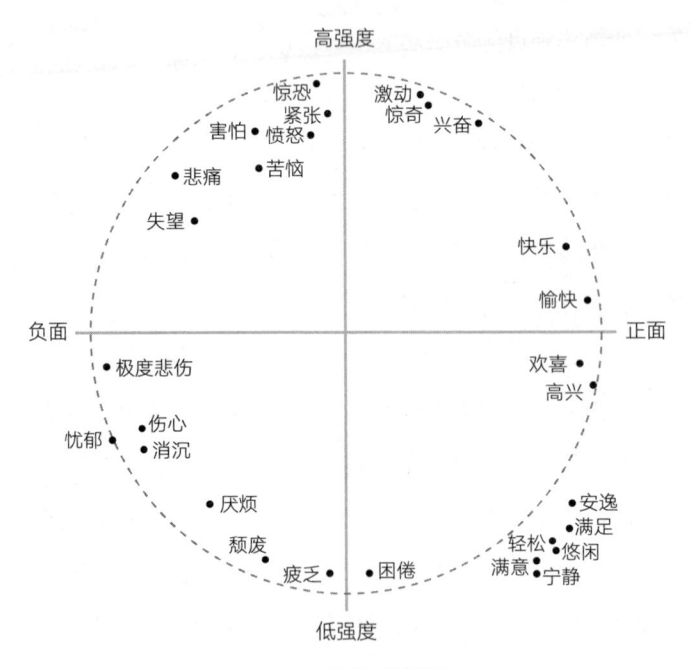

图 0-1 情绪环状模型

引　言　孩子是感受情绪温度长大的

情绪与学习

学习能力强、被称为"学霸"的孩子，大多数都有相同的特征。那就是这些孩子的父母，其实并未特别注重孩子的学业成绩。这些父母的情绪相对稳定，能够给孩子提供稳定成长的环境。

他们很少责备或批评孩子，而且会当孩子的坚强后盾，鼓励孩子找到自己热爱的事物，并在背后默默支持孩子。为什么不爱唠叨的父母，其孩子的学习表现反而更出色？

1990 年，美国耶鲁大学心理学系教授彼得·沙洛维（Peter Salovey）和新罕布什尔大学心理学系教授约翰·梅耶（John D. Mayer），正式提出了"情绪智商"的概念。情绪智商简称情商，是理解自己与他人的情绪、调试和表达自己情绪的能力。

情商低的孩子，面对烦躁或愤怒等负面情绪时，不知道如何处理，很容易陷入这些情绪；反之，情商高的孩子，因为理解自己的情绪，则懂得适时调整。

虽然情商与智商高低无关，却会影响孩子的学习动机和欲望。父母想要提升孩子的学习能力，必须让孩子对外界事物产生好奇心，激发孩子的求知欲和探索能力。当孩子有了好奇心、主动学习的态度与热情、专注力和动力，未来就有可能在某些领域取得成就。孩子的头脑再聪明，也远比不上对学习充满动力带来的进步更大。

在这里，很重要的一点是，孩子的情商发展与父母有关。情商的发展并不是通过看书或上课学习习得，而是在日常关系中进行的。孩子从父母身上学习表达情绪的方法，练习接纳自己的情绪，进而发展情商。

孩子在感受到负面情绪时，知道如何处理情绪，而不是莫名地生气或逃避，如此一来，当茫然的焦虑感消失后，孩子的情绪就能变得稳定。

即使孩子没有去补习班学习，父母只要营造可以让孩子情绪稳定的环境，孩子自然能找到学习的乐趣，即使父母忙于工作，孩子的学习成绩也不会因此落后。并不是说父母一直陪在孩子身边，帮孩子建立亲密的依附关系，孩子就一定能顺利度过青春期。想要最大限度发挥孩子的天赋，挖掘孩子的潜力，关键在于父母保持良好的情绪。

让父母的情绪温度降低

俗话说，"孩子是父母的镜子"，即孩子通过父母认识世界。在教育孩子前，父母应该先回过头来检视自己处理情绪的方式，知易行难，相信很多父母都有过这样的经验：为了一点儿小事对孩子大发脾气，然后马上就后悔。家庭是自我人格形成最重要的地方，家庭成员间会彼此影响，因此父母必须重视自己处理情绪的方式。

事实上，我们这一辈的父母，从小并未接触过所谓的情绪管理教育。回想自己小时候，父母在工作不顺心或与人发生冲突时，把怒气撒在另一半或孩子身上，是很常见的事。现在仍有许多成年人不善于表达自己的情绪，或不知道如何处理情绪。因为他们从未接受过情绪管理教育，对情绪运作的回路一无所知，根本无从着手。这样一来，他们可能也会不自觉地把"炙热"的情绪传递给孩子。要让孩子的情绪降温，使其与父母进一步相互理解，父母必须先从降低自己的情绪温度做起。

著名心理学家丹尼尔·戈尔曼（Daniel Goleman）说过："我们必须正视自己的情绪，才能读懂别人的情绪。"我们要诚实地面对自己的情绪，了解情绪从何而来、情绪的呈现方式，观察情绪想传达的信息，尤其必须特别关注一直以来我们所认为的负面情绪，像焦虑、愤怒、自卑等，理解这些情绪在一定程度上守护了我们，带领我们成长至此。当解开对负面情绪的误会后，情绪温度才会开始降低。这些情绪会转变成勇气、希望和挑战，帮助我们成长。唯有父母正视自己的情绪，才能帮助孩子正确认识情绪，让孩子获得调适情绪的力量。当负面情绪来袭时，不盲目地随情绪沸腾，而是全然地接纳它，如此才能使情绪成为生命中的礼物。

当您为了孩子开始关注"情绪"这个关键词，进而翻阅这本书时，就已经跨出了第一步。为了孩子的幸福，也为了自己的幸福，请您好好检视彼此的情绪温度。我希望通过本书，大家能更了解情绪，学会把过去压抑在内心的焦虑、恐惧、愤怒和自卑情绪，转化为成长的动力。我相信，当孩子和父母都能保持正常的情绪温度时，才是彼此理解与相爱的契机。

第一部分

写给父母的情绪温度

第 1 章

认识情绪才能看见孩子

父母的角色从情绪教育开始

> 与其处罚孩子,让他独处反省,不如让自己稍微休息一下,好好觉察我们内在的需求和真实的自己。
>
> ——切丽·胡贝尔(Cheri Huber)

理智上,我们都知道怎样的父母才是好父母。例如,不拿自己的孩子和别人比较,不催促孩子,尊重孩子的决定,即使孩子不听话也不生气……然而,做到这样并不是件容易的事。比如,当孩子在家里一直打游戏,父母一开始对孩子好言相劝:"该休息了吧?"但孩子口头答应后,继续玩个不停。最后父母忍不住大声斥责孩子,孩子悻悻然地回了房间。我们很容易忘了想要当温暖型父母的初心,最终变成另一个自己。我们明明是想法的主人,但为何行为不受意志控制？

人们的情绪经常凌驾于理智之上。在理智上，父母知道"对孩子说话应该要温柔一点儿"，内心却难以遏制对"为什么孩子这么不听话"的愤怒；对孩子大发雷霆后，难过的情绪涌上心头，也可能会对自己无法控制一时的"怒火"感到懊恼。事实上，想法并不是大脑的主人，情绪才是。要想找到控制情绪的开关，管理好情绪，必须对情绪有正确的理解。唯有接纳和觉察情绪，不让情绪背离意志，才能调适情绪。但问题是，从来没有人教我们认识情绪。我们每个人都拥有"理性"和"感性"两种思维，在现代脑科学中，虽然难以明确界定何谓理性，何谓感性，但可以从普遍的认知中进行观察。理性是指具有正确判断事物的能力。例如，要让4个孩子均分一个比萨，必须将比萨饼分成4等份。假设其中一个孩子吃掉2份，其他3个孩子吃剩下的2份，这就是不合理的。学校教授课程的目的之一，就是培养学生合理判断事物的能力，锻炼理性思维。

然而，孩子在学校很少有机会接触到情绪管理教育。教科书中提到与情绪有关的内容，大多是教孩子在遇到某些状况时，如何应对处理。例如，在一年级的社区认识体验课程中，孩子们学到的是必须遵守的规矩，如放学后要排队出校门，说话要轻声细语等。然而，情绪其实是一种内心感受，如开心、愤怒、悲伤、喜悦等。没有人告诉我们愤怒是什么，愤怒的情绪涌现时，内心的状态如何？这时候该怎么做？翻开教科书，我们一般也找不到答案。

除此之外，我们从小被教育要多表达喜悦、感恩等正面情绪，压抑、悲伤和愤怒等负面情绪。难过时哭泣是很正常的，但我们的文化却不允许我们悲伤。上小学时，我们常听到的一句话就是"男人一辈子只能哭 3 次"，即出生时、父母过世时、国家灭亡时，只有在这 3 种状况下可以哭泣。孩子如果和朋友玩耍时哭了，会被嘲笑是"爱哭鬼"。我们从小就被灌输这种观念，认为表达负面情绪是很丢脸的行为。

我们都知道发脾气是不好的，却不知道该如何控制脾气。大家都说，不管再怎么生气，都要忍耐再忍耐。但忍到最后，却导致"火病"上身。"火病"是韩国人特有的疾病，美国精神医学学会曾在 1996 年将火病定义为"韩国特有的文化综合征"。"火病"的主要症状是胸闷、喘不上气、体内火大。过去这些症状多见于青壮年男性和女性，但最近许多报道显示，现在也有不少小学生或中学生患有"火病"。

如果不想让孩子承袭这种压抑情绪的文化，父母必须先学会认识情绪。倘若父母一直身陷负面情绪未能消解，就会引发孩子的焦虑，而孩子的焦虑又会让其自身的情绪温度升高。即使父母是想保护孩子远离伤害，不希望孩子重蹈自己的覆辙，才压抑内心的焦虑不安，也往往因为沉浸在自己的负面情绪里，而无意识地忽略了孩子的感受。如果父母像这样单方面把不安和焦虑投射在孩子身上，就会让孩子陷入无力感。到最后，孩子可能会无意识地承袭父母的情绪，如悲伤或愤怒。

因此，情绪教育是父母必须学习的课题。父母必须先觉察自己的情绪，清楚如何处理不受控制的情绪、降低紧张的情绪，然后静下心来思考，在亲子关系中应该扮演什么样的角色。作为父母，为了自己和孩子的幸福，我们应该让一直被压抑的情绪浮出水面，重新认识它们。研究进化论的学者说过："情绪是远古时代的祖先通过基因遗传给我们的生存方式。"情绪既是想法和行为的出发点，也是它们的方向。

正视情绪问题，是降低情绪温度的第一步。

行为受情绪支配的原因

想要了解情绪影响心情和行为的原因，必须先清楚情绪是如何构成的。"稀树草原假说"是常见的心理学理论之一，最早由进化心理学家戈登·奥利恩斯（Gordon Orians）提出，许多研究进化领域的学者均认同这个假说。根据"稀树草原假说"，人类出现在地球上已逾700万年，但在近1万年以前的大部分时间都居住在类似非洲大草原的自然环境中，以狩猎采集为生。那么，近1万年之前那段长达699万年的时间之于人类具有什么样的意义？这意味着人类大脑的基本回路，是依据过去699万年的生活模式建构而成的。在这699万年里在非洲大草原以狩猎采集为生的人类祖先，正通过遗传基因影响着现在的我们。

这里的重点在于，我们承袭了人类祖先大

脑的基本回路。不妨观察一下家中的电灯线路吧！当你打开卧室的电灯开关时，卧室的灯会亮；打开客厅的开关时，客厅的灯会亮。同样的道理，一个人在肚子饿时会心情不好，想吃东西，这是大脑设定的基本回路。如果一个人在肚子饿时感到开心，说明他的大脑出现了异常。

生气时手心冒汗、面目狰狞、心跳加速；遇到令自己开心的事情时脸上露出欣喜的笑容，心情变得愉悦。这些也都是承袭自祖先的大脑回路设定。

因此，不管你再怎么努力想当温暖型的父母，在看到孩子沉迷手机游戏时，生气都是理所当然的反应。看到伴侣袜子乱扔，没有人会高兴地大喊"这真是太棒了！"遇到好久不见的朋友，而他一直炫耀自己的孩子，表面上我们虽然点头称赞，但心中早已"妒火中烧"。即使知道对方说的是对的，却还是听不进去；我们的大脑提示要放下，内心却依旧很难受。这些全都源自人类祖先大脑设定的基本回路。

当理性思维和情绪发生冲突时，后者通常会战胜前者，这是由我们大脑的结构造成的。根据进化论学者提出的假说，人类在之前的699万年的时间里都是靠情绪生存的，直到近1万年才开始发展理性思维。进化论学者以此为依据，认为在这699万年的时间里，人类的大脑状态与动物近似。换句话说，人类祖先的大脑回路，和动物一样都是靠本能和情绪采取反应。然而，在过去这1万年里，掌管思考的大脑皮质迅速发展，造就了今日的文明。但远古祖先与情绪有关的遗传基因仍深嵌在我们体内。

刚萌芽不久的理性思维符合21世纪的环境，但产生情绪的大脑结构却是根据原始时代的时空背景设计的。因此，要理解现代人的情绪，必须追溯远古时期人们的生活状态。

回想一下学生时期教科书里有关旧石器与新

石器时代的内容。当时大部分人以狩猎和采集为生，居住在洞穴或河边用木头搭建的房子里。女人在洞穴附近采集果实和蘑菇，男人则到丛林里狩猎。如果一个地方食物不充足，他们会迁徙到另一个地方。他们用动物皮革、树叶等物品遮挡裸露的皮肤，用火取暖、烹煮食物，这是我们所知道的原始人的生活状态。

仔细观察远古祖先的生活状态，我们会发现情绪的产生都与生存有关。换句话说，无论是负面或正面情绪，出发点都是为了生存。试着探讨不安的情绪吧！远古祖先面临的最大难题是饥饿，他们必须通过采集和狩猎来保证温饱，即使周遭危机四伏。在文明发达的现代社会中，我们可以通过信息区分有毒植物，但在当时没有这些信息，人们即使吃了采集到的食物，也会担心它们是否有毒。此外，就算是在猎捕兔子或鹿这类温顺的动物时，人们也总是提心吊胆，害怕随时会有猛兽出现。在远古祖先中，有些人容易心生忧虑，有些人不会。谁的生存概率更高呢？答案是容易心生忧虑的人。因为这类人会随时做好准备，保护自己，远离危险。身为幸存者子孙后代的我们，也因此承袭了这种不安的情绪。在遇到严重的雾霾天气时，我们因担心健康问题会戴上口罩；当孩子成绩退步时，我们又因担心孩子的未来而陷入焦虑，这些都是正常的反应。

那么，愤怒的情绪又是如何出现的？要想理解愤怒的情绪，必须先知道愤怒与不安的差异。不安是被对方勾起自己内心的担忧，愤怒则是想让别人知道自己的感受，想把自己的情绪信息传达给对方。但当事与愿违时，人的心里会涌现出不舒服的感受，把这种感受用具有攻击性的方式表达出来，就是愤怒。

我们的祖先在狩猎时，有时会遇到猛兽。他们一开始会示意猛兽不要伤害自己，但如果猛兽还是朝自己扑过来，此时就必须采取攻击性行动来击退猛兽。攻击性强的人得以幸存，攻击性弱的人无法存活。当我们的祖先无法独自击退猛兽时，也会集结众人的力量一起对付猛兽。在这个过程中，如果有同伴被猛兽伤到，愤怒的情绪就会更为高涨。这种愤怒的情绪就会衍生出报复行动，随着报复行动的展开，斗争也可能变得残忍。

人们为了生存产生的情绪被称为"基本情绪"，如不安或愤怒。心理学将快乐、悲伤、厌恶、惊讶、愤怒、恐惧视为人类的6种基本情绪。不过，根据研究显示，基本情绪的种类正趋于增多。美国加州大学伯克利分校的一个心理学研究团队在2017年的《美国国家科学院院刊》上发表文章称：人类的情绪可能超过27种，包括钦佩、崇拜、欣赏、喜悦、愤怒、焦虑、敬畏、尴尬、厌倦、冷静、困惑、轻蔑、渴望、厌恶、痛苦、狂喜、嫉妒、兴奋、恐惧、内疚、怀旧、骄傲、痛恨、悲伤、满足、性欲、惊喜、怜悯及优越感等。

父母焦虑的情绪会感染孩子

> 不要担心孩子不听你的话,你要担心的是他总在看着你。
> ——罗伯特·弗格汉姆(Robert Fulghum)

韩国电视台曾播出节目《妈妈的成长》,这档节目以妈妈为对象,让妈妈们思考"自己是什么样的人",然后利用功能性磁共振成像技术对其进行跟踪观察。这项技术被用来测量大脑神经元活动所引发的血液流动变化,当大脑在思考时,血液会流向某一端。换句话说,这项实验主要是观察当妈妈们想到自己时,其大脑的活动情况。同时,也一并测量当妈妈们想到孩子时,其大脑的活动情况。神奇的是,当妈妈在想到孩子与想到自己时,大脑活动的区域情况是一致

第 1 章　认识情绪才能看见孩子

的，但在想到丈夫时，大脑活动的区域情况却与前两者完全不同。这项实验的结论是，在妈妈的认知里，孩子是另一个自己。很多妈妈会不自觉地把孩子的人生当成自己的人生，把孩子当成满足自己欲望的替代品。孩子无形中复制了妈妈的人生，而妈妈通过孩子获得替代性的满足，期待和野心也变得越来越大。然而，无论是期待还是野心，都会引发焦虑情绪，这项实验给出了妈妈容易感到焦虑的原因。

父母为子女担心是天性。就连居住在皇宫的王妃，也会担心自己的孩子受到伤害，怕孩子失去权力，因此陷入焦虑而无法自拔。

如今，父母焦虑的现象似乎越来越多、也越来越严重。有这样一句话，"无知是一种幸福"，意思是说，对于有些事，你不知道会比较轻松，知道得越多烦恼也就越多。过去，关于教育问题的信息获取渠道有限，大多数父母通过老师或自己看书找答案；现在，很多父母会通过网络平台找答案，引发父母焦虑的根源恰恰就在这里。

父母在看到网上其他父母分享的文字时，会不自觉地与其比较："别人把孩子教得这么好，我把孩子教好了吗？"他们在看到别人成功的故事后，焦虑、恐惧、自责等各种情绪就会在内心翻腾不止。他们会责怪自己没有把孩子教好，对孩子心生愧疚，将孩子的偏差行为全归咎于自己。

周遭的生活环境更是让很多父母内心的焦虑升温。当他们打开电视，看到斗大的新闻标题"青年失业率创史上新高"，会突然觉得眼前一片黑暗。他们不知道孩子长大后可以做什么工作，一想到孩子的未来，就会陷入担忧。在家长座谈会上，有一个孩子的家长在分享自己的孩子最近新上的英语补习班情况时提到：补习班聘请以英语为母语的外籍老师，这位老师教学时亲切仔细，孩子的英语水平有了大幅提升。在听完这位家长的分享后，很多父母也想把自己的孩子送去类似的补习班，但家中的经济状况却不允许，他们内心的焦虑就会由此而生。

当父母的焦虑不断升温，其身心会变得亢奋；当身心长期处于亢奋状态时，父母也会失去冷静的判断力。这就像看电视购物频道一样，当荧幕上出现"即将售罄"的字眼时，观众会突然感到莫名的紧张，不自觉地拿起手机下单。

焦虑升温的父母，容易对每件事感到焦躁，然后陷入无尽的担忧中。当父母因为焦虑导致心里不舒服时，会设法减轻内心的不安。在这种情况下，从众是常见的反应。例如，他们打电话给孩子同学的家长，请他们推荐口碑好的英语补习班，或是把孩子送到邻居家孩子上的跆拳道馆训练，通过做这些，他们才会安心。而且，如果别人家的孩子上 3 个补习班，自己的孩子起码要上 4 个补习班才行。容易焦虑的父母会不断地催促孩子学习，但其实父母自己心里也明白，强迫孩子并不见得有效，甚至会适得其反，让孩子因此产生抗拒心理，继而对学习失去兴趣。

这是因为父母焦虑的情绪会感染孩子。在我们的大脑里，有一种被称为"镜像神经元"的神经细胞，这种细胞会让孩子模仿父母的行为，孩子会因为受父母影响而感到焦虑，变得容易担心，甚至连一点儿小事都要征求父母的意见；做任何事时都害怕被骂，遇到困难时担心失败，或干脆直接选择放弃，个性变得被动、消极。倘若父母中的一方责怪另一方过度担忧，问题会变得更加严重。他们的口角和冲突愈演愈烈,导致整个家庭陷入焦虑升温的恶性循环。最后,这些容易紧张焦虑的父母,很可能在不知不觉中造成孩子的情绪温度长时间处于偏高状态。

父母不了解孩子为何焦虑

> 教育的目的不是制造机器,而是培育人才。
> ——卢梭(Rousseau)

美国心理学家亚伯拉罕·马斯洛将人类的需求分为 5 个层次,如图 1-1 所示。位于金字塔最底层的需求是生理需求,然后由下往上依次是安全需求、社交需求、尊重需求、自我实现需求。马斯洛认为这些需求是根据重要性分阶段形成的,其中生理需求是最基础的,满足这个需求后,下一个阶段的需求才会出现。

人类为了生存和繁衍后代,必须满足食欲、居住、性欲等最基本的需求。倘若人生这个阶段的需求没有被满足,基本上难以维持正常生活。不过，在现代社会中，孩子的大部分生理需求均已获得满足，比起担心挨饿，父母要担心的反而是营养过剩造成孩子肥胖，罹患常见于成年人身上的疾病等问题。

```
           自我实现
             需求
          ─────────
           尊重需求
         ─────────────
           社交需求
       ─────────────────
           安全需求
      ──────────────────────
           生理需求
```

图 1-1　马斯洛需求层次理论

从图 1-1 来看，安全需求仅次于生理需求。要想了解现在的孩子情绪升温的原因，关键在于了解孩子的安全需求是否得到了满足。或许你会觉得不可思议，安全需求怎么会是问题所在？但这却是不争的事实。要进一步厘清原因，需要将原始时代的孩子和现代孩子的生活状态进行比较。

不妨想象一下数百万年前孩子们的生活状态吧！那个时代的孩子和家人居住在洞穴里，根据人类学者估计，单个家庭大约有 10 名成员。孩子早上吃昨天剩下的肉，然后到洞穴附近的草地或溪边玩耍，摘树上的果实当点心吃，无聊时和朋友们玩捉迷藏。爸爸偶尔会带孩子去狩猎，告诉孩子避开猛兽出没的地方，或教孩子狩猎的方法；妈妈一边摘着洞穴附近的水果或蘑菇，一边告诉孩子如何分辨有毒的植物。有时他们也会遭受邻近部落或猛兽的袭击。

然而，现代孩子们的生活状态又是什么样的呢？孩子早上起床后，匆忙吃完早餐，然后赶着出门。社区大门设有红绿灯，即使绿灯亮了，孩子也必须小心环顾四周，左右查看后才能过马路。一到学校，孩子就拿出手机给妈妈发消息，告诉妈妈自己已经安全到校。午休或下课时，孩子想去外面玩，却没有合适的地方，因为操场被六年级的孩子霸占，礼堂的场地又被五年级的孩子抢走。放学后，还有补习班的课等着孩子。补习班的课程比学校课程更重，作业也更多。补习班的课程结束时大约已经是晚上 7 点了。孩子有时跟父母一起吃晚餐，有时自己买着吃，吃完晚餐后继续做作业。有时孩子趁空档时间拿出手机玩，这似乎是唯一可以安抚其内心的工具。

与数百万年前的孩子相比，现在的孩子真的比较安全吗？事实上，30年前孩子的生活模式，与数百万年前并无太大差异。20世纪90年代，我刚开始教书时，也只有少数大城市的孩子放学后会去补习班上课。大部分孩子放学后都是在学校操场或家附近玩耍，在听到妈妈呼唤后，才会回家和家人围坐在一起吃晚餐。即使孩子玩累了，一回去就睡觉，也不会被妈妈骂。周末、假日的后山草地和溪边，是孩子们的休憩地，也是他们的学习场所。当时还有所谓的"值班"制度，周日老师们会轮流去学校值班。轮到我值班时，我常会叫班上的孩子到学校玩，孩子们踢足球可以踢一整天，饿了我们就煮面吃。

人类花了数百万年来适应自己赖以生存的环境，适应环境的这种能力被存储在遗传基因中。换句话说，在人类大脑中，留存有通过适应环境而发展出来的遗传基因。例如，人类在遇到凶猛的野兽时，会出于本能与之对抗或逃跑，这是人类在原始时代学到的经验。这种遗传基因到现在还留存在我们的大脑里，因此当我们在森林里散步时，对于沙沙作响的声音会特别敏感。

据有关学者称,地球上与人类最相近的动物是黑猩猩,人类与它们正式分道扬镳,是在600万年至700万年前。文字和城市文明的出现,也只有五千多年的时间。而今日的文明社会,直到近期才开始出现。那么,孩子的遗传基因表达的本性和生活习惯,与哪个时期孩子的表现更接近?虽然孩子生活在现代文明社会,但受到遗传基因影响,孩子的表现或许与文明发展前祖先的生活模式更接近。因此,孩子们的遗传基因可能会呐喊:"我想住在洞穴!""我想在草地上玩!""我想去溪边抓鱼!"然而,现代生活环境与遗传基因的"渴望"大不相同,孩子居住的地方从洞穴变成了高楼大厦,供玩耍的草地和溪边被学校和补习班取代。

当人们待在与遗传基因所表达的本性和生活习惯匹配的环境中时,情绪会变得相对稳定,这就是为什么很多孩子特别喜欢待在学校图书馆里,或像洞穴一样的圆形空间里。相反,当人们待在不熟悉的环境中时,遗传基因会倍感压力,人的身体会变得紧绷,内心会变得紧张。生活在现代社会的孩子,其生活状态与遗传基因表达的状态有着很大的差异。

孩子的遗传基因想让孩子在草地上和溪边玩耍，父母却要孩子待在家里读书。孩子上学途中发生交通事故，毕业去旅行时碰上"世越号船难"，新闻不断推送新型冠状病毒对人们生命造成威胁的信息……这些外部环境使得孩子的遗传基因处在焦虑与恐惧中，这种焦虑和恐惧让孩子陷入前所未有的紧张状态。

第 1 章　认识情绪才能看见孩子

孩子们在家中感受到的情绪，爸妈知道吗？

> 大多数时候，孩子们希望你能爱他们原本的样子，而不是花时间纠正他们的错误。
>
> ——比尔·埃尔斯（Bill Ayers）

我曾经做过一项简单的调查，想了解孩子们在家中感受到的情绪。调查对象以二、四、六年级的孩子为主，让他们从开心、难过、快乐、痛苦等 12 种情绪中，挑选出 3 种自己在家中经常感受到的情绪。为了获取孩子最真实的情绪状态，我们的调查采取匿名方式进行，限 10 秒内作答。

17 个二年级的孩子中，有 8 个回答在家里感受到的情绪是快乐、开心、满足、放松等正面情绪，只有 2 个孩子回答 2 种以上的负面情绪。然而，20 个四年级的孩子中，就有 19 个孩子的答案中有一项负面情绪，其中更是有 3 人回答，一整天都是不开心的情绪。六年级的孩子的调查结果和四年级的孩子的一样。从孩子们在家中感受到的情绪状态来看，越高年级的孩子，感受到的负面情绪越多。低年级的孩子多数回答的是开心、快乐、幸福等正面情绪，但随着年级升高，孩子的答案中疲倦、痛苦、难过等负面情绪也在增多。

从调查结果来看，孩子之所以经常出现负面情绪，多半与父母的教养态度有关，而非来自课业压力或家庭经济状况。越到高年级，父母对孩子的成绩期待越高，唠叨、沟通断层等问题越严重，孩子因此陷入愤怒和疲乏状态。调查发现，现代孩子情绪温度上升的原因，比起课业压力，主要是父母的言语和行为的影响。这不禁让人感到有些意外，因为身为教师的我，原以为课业是孩子最大的压力来源。为了进一步了解孩子内心的想法，我又做了一项关于"最讨厌听到父母说哪句话？"的调查，收到的反馈结果里排名第一的是"做完了没？"。

第1章 认识情绪才能看见孩子

"做完了没?"这句话可以有多种不同的问法。例如,功课写完了没?书读完了没?日记写完了没?房间打扫完了没?洗澡洗完了没?为什么当父母问孩子"做完了没?"时,孩子的心里会这么难受?因为当父母问这个问题时,孩子只能回答"做完了"或"没做完",父母的反应也会根据孩子的答案而明显不同。当孩子回答"做完了"时,父母会称赞孩子;否则,父母就会责备孩子,并没有进一步关心孩子为何没有做完,或为何不想做。

如果让孩子感到厌烦和疲倦的不是学习本身,而是其他原因,那么身为父母的我们,又该如何帮助孩子?答案很简单,就是我们不要说孩子不想听的话就好。看似很容易做的事,真正做起来其实很困难,因为这并不是父母轻易就能改掉的习惯,即使是为了和孩子好好沟通,积极参加家长会,拼命阅读亲子教养书籍的父母也很难做到。

试想,孩子从学校回到家后,莫名其妙地发脾气。起初,父母试图理解孩子的情绪,尝试运用学到的方法,对孩子说:"你现在很生气吗?"但对话开始后没多久,不知不觉中,父母就被激怒了。为什么会这样呢?其实是由于父母没有理解情绪的本质，再加上平时很少和孩子讨论关于情绪的话题而导致的。父母与其把焦点放在处理孩子的情绪上，不如先关心孩子在家里感受到的情绪。

高情绪温度孩子的行为表现

> 别拿自己与任何人比较,这么做是在侮辱你自己。
>
> ——比尔·盖茨(Bill Gates)

在我曾经任教的学校里,有一个名叫"建宇"的孩子。他当时在读二年级,个子很小,眼睛很大。他很爱看书,其他同学还因此给他取了个"书呆子"的外号。尤其对于科普书,他更是爱不释手,常常读到忘我,课堂上被老师点名也浑然不觉。任何人第一眼看到这个孩子天真开朗的模样,都会情不自禁地露出微笑。然而,在观察他一段时间后,我发现他也有令人难以想象的一面。如果有人在教室或走廊上不小心碰到他的肩膀,他就会暴跳如雷,和对方吵起来。

有一天，我突然听到孩子们大声尖叫，吓得立刻冲进了教室。一进门，我就看到建宇手里拿着扫把追打同学，孩子们吓得四处奔跑，教室里一片混乱。班主任不知如何是好，呆立在讲台前面。我多次试图制止未果，硬生生被扫把打了好几下，他才停了下来。我紧紧抱着建宇，抱了好一阵子，他原本急促的呼吸才逐渐缓和。等他变得理智一点儿之后，我问他："可以告诉我你生气的原因吗？"建宇似乎还没消气，只是悻悻然一言不发。根据我过去的经验，遇到这种状况时，等待是最好的方法。于是我一边播放冥想音乐，一边静静陪着他。或许是消气了，建宇脸上紧绷的神情开始慢慢消失，我想是时候和他好好聊聊了。谈话时，我握着他的手，他告诉我，自己很想和同学好好相处，但大家都不喜欢他。明明不想发脾气，但同学只要稍微惹他不开心，他的怒火就会突然爆发。

还有类似的案例。不久前，我和一位年轻老师进行了交流。这位老师一看到我，就深深叹了口气。她所带的班级有一个名叫熙秀的孩子，她对熙秀束手无策，即使想帮她也不知道怎么帮。这位老师说，熙秀有两个问题，一个问题是她极度缺乏自信。上美术课时，她习惯看隔壁同学的作品，再模仿着去画；写数学作业时，她总会偷看同学的答案，然后再写下来。事实上，很多人在学生时期都有过这样的经历，乍一看这并不是什么大问题。然而，当这样的行为持续一段时间后，这位老师试着鼓励熙秀靠自己完成作业，但熙秀的回答却让她感到意外。熙秀说："老师，我没办法自己写，因为我怕写错。"原来，熙秀的心里一直被"写错了怎么办"的强烈不安占据着。此时，这位老师才回想起，过去一年里，熙秀在课堂上或在玩游戏时，总是一脸紧张的样子。

熙秀的另一个问题是有偷窃行为。班里学生的钱和物品失窃事件频发，最后却都是在熙秀的抽屉里找到的。熙秀承认她从同学和老师那里偷了好几次钱和物品。老师请熙秀的妈妈到学校以了解情况，她的妈妈满脸愁容地听完熙秀的事情，眼泪忍不住掉了下来。她边哭边说："老师，其实这件事我知道，她在家里也会偷钱。"熙秀的妈妈前不久才知道，熙秀会偷她爸爸皮夹里的钱，而且已经偷了将近一年。奇怪的是，就算旁边有人在看，她也还是会做出这种行为。我遇到过各种各样的孩子，但第一次听说这样的情况。"这个孩子的内心是不是有什么问题？"这位老师问。我当时并没有回应。

为什么建宇会拿着扫把在教室里追打同学？为什么即使有人在旁边看，熙秀还是照样偷东西？其实这是因为建宇和熙秀平时大多处于负面情绪状态，他们属于高情绪温度的孩子。换句话说，这两个孩子对负面情绪的反应比别人更敏感。遇到同样的状况，大多数孩子或许就只是感到失望而已，但高情绪温度的孩子，表达出来的就可能是愤怒的情绪。

以表达式"$2A \times 3$"为例，结果取决于 A。当 A 为 2 时，结果是 12；当 A 为 3 时，结果是 18。如果把 A 当成情绪温度，3 当成发生的事件，在同样的状况下，随着 A 的不同，结果也大不相同。有些人很容易为了一点儿小事大发雷霆，正是因为 A 较高。

令人遗憾的是，整体而言，小学生的情绪温度正在逐渐上升。听老师们说，每个班上至少会有两三个像建宇或熙秀这样的孩子。有想从窗户跳下去的孩子，有用刀割手腕自残的孩子……这些都是负面情绪温度急剧上升的案例。但这并非少数个案，我询问了教龄 10 年以上的老师：和 5 年前相比，孩子们最大的不同点是什么。许多老师说："现在的孩子经常发出怪声。"他们表示，有越来越多的孩子会发出异于常人的怪声。这也是最近让我感到不解的地方，因为孩子不只是在吵架时发出这样的声音，有些孩子在平时没事时也会这样。这种声音听起来不像求救声，也并非单纯大叫，非要说的话，有点像人们在夏天因为太热而发出的不耐烦的吼叫声。我想，这些应该都是负面情绪温度上升造成的问题。

情绪稳定的父母养出幸福的孩子

情绪的惯性

最好的教育是教孩子学会怎么笑。
——弗里德里希·威廉·尼采（Friedrich Wilhelm Nietzsche）

让我们继续谈谈关于建宇的事。建宇从小学一年级开始，就因为经常和同学吵架，让老师们很头痛，班上同学的家长也对他有不少怨言。他平时明明是爱看书、个性开朗的孩子，但只要一受到刺激或与人发生矛盾，就会立刻"暴走"，引起混乱。只要别人轻轻碰他一下，整个教室顿时就变成了战场。

建宇的愤怒情绪到底是怎么来的？认真追究起来，要回溯到非洲萨瓦纳大草原上的自然生存法则。愤怒情绪是非洲萨瓦纳大草原上的生存策略，它储存在我们每个人的遗传基因中。只是有些人遗传到了易怒基因，有些人没有。遗传到易怒基因的人，容易失控发脾气，但从现代科学的角度来看，无法确定建宇是否属于这种情形。不过，通过观察家人的状态，也能看出一些端倪。假如一个人的家中有亲人患抑郁症，那这个人罹患抑郁症的概率就会比较高。由此可见，如果父母脾气暴躁，那么孩子也容易情绪失控。

如果你站在校门口观察孩子们脸上的表情，大概可以看出孩子们平时的情绪状态。个性开朗的孩子，很少露出腼腆微笑，哪怕稍微被朋友或师长夸奖，都会笑得灿烂无比。这些孩子大多来自充满欢乐的家庭，他们的父母也总是面带笑容。相反，有些孩子经常一脸忧郁，即使身旁的人对他们亲切地问候，他们的反应也一样很冷淡。他们对悲伤的情绪特别敏感，他们的父母也总是一副愁眉苦脸的样子。孩子的表情就像一面镜子，也能反射出父母的表情。

我与建宇进行沟通时，他比任何人都清楚，因为自己动不动发脾气，让同学和老师都很伤脑筋。他很讨厌爱生气的自己，也对同学们感到抱歉。建宇经常陷入愤怒情绪的原因是，愤怒已经成为建宇的一种习惯性的情绪反应。心理学家将这种情绪称为"核心情绪"，为什么愤怒会变成建宇的核心情绪？要找出原因，必须先理解大脑运作的基本原理。平均重量约 1.4 千克的大脑，并不具有理性判断好坏的能力，大脑只会记忆重复性行为，判断哪些对生存有利，哪些不重要。

我们的遗传基因承袭自原始狩猎采集社会，对当时的人类而言，从事重复性的行为生存概率较高，尝试新的事物则常常意味着死亡。人在丛林里摘常吃的水果生存概率高，对于新的水果品类，因无法得知其是否有毒，因此食用后招致死亡的概率较高。

受到遗传基因影响，我们的大脑只会记忆在各个领域中不断重复的事物，如情绪、学习、运动等。假设建宇一再听到"你为什么会这样""你这个笨蛋"这类话，他的大脑会如何反应？他的愤怒情绪会不断涌现。当愤怒变成一再重复的情绪，它就会成为建宇的核心情绪。如此一来，建宇的潜意识会不断寻找负面事物，也就是会让他经常生气的事。因此，比起朋友的赞美或老师温暖的微笑，他更关注的是让他生气的事。就像鬣狗看不见眼前的驯鹿，到处游荡寻找其他动物们吃剩的肉一样。

我在操场上捡垃圾时,有些孩子会走过来对我说谢谢,并举起他们小小的双手,和我一起捡垃圾。每到岁末年终时,也有孩子会写卡片给我,向我表达这一年来的感谢。对于这些常怀感恩之心的孩子,我们不难发现他们身边也总是围绕着值得感谢的事。

我们仔细观察自己的情绪"设计图",可以看出情绪回路的基本设定主要来自父母,有些甚至是来自更久远的祖先遗留下来的基因。不同的人根据设计图建造出来的房屋,也必然不同。即使是天生易怒的人,只要经常表达感谢,感恩自然也会变成他的核心情绪;反过来说,即使是天生善于表达喜悦的人,如果经常愤怒,愤怒也一样会变成他的核心情绪。

破坏自主神经系统的情绪温度

我们的身体如何反映情绪温度?观察身体调适情绪温度的方法及情绪温度影响身体的部位,就能理解情绪是如何运作的。

每到周末，我会带着我的爱狗棉花，到附近风景优美的湖畔散步。在步道散步时，我可以观察到人们的各种反应。喜欢狗的人，看到棉花摇着尾巴靠近他们，会停下脚步伸手示好。相反，有些人一看到棉花在向其靠近，会突然被吓到眼睛瞪大。当然，我能够理解看到棉花被吓到的人的心情，因为有时我也会被别人的狗吓得心跳加速。看到眼前出现体型像小牛一样的大型犬，我也会不自觉地手心冒汗，把棉花紧紧抱在怀里，做好随时逃跑的准备。即使知道主人牵着绳，环境是安全的，我仍会感到紧张。

我们在路上遇到大型犬时出现的身体反应，正是情绪温度上升的过程。我们一开始会变得口干舌燥、瞳孔放大，接着心跳加速、肌肉紧绷、手心冒汗。我们出现这样的身体反应，是受到了自主神经系统的影响。自主神经系统是独立运作的系统，不受意识控制，会随着状况不同，让身体变得紧绷或放松。可以说，自主神经系统是我们体内的"塔台"。就像塔台指挥飞机起飞和降落一样，自主神经系统会调节体内的器官和组织，如肺、心脏、胃、胰脏、肝脏、肾脏、小肠、骨骼和肌肉等。

自主神经系统从大脑下方的脑干开始，沿着下丘脑和脊神经遍布全身。自主神经系统可分为两大类，一类是交感神经系统，另一类是副交感神经系统。用汽车构造来打比方，交感神经系统就像油门。踩油门时，汽车会加速前进。当车速上升时，仪表盘上的RPM数值也会上升，RPM代表引擎每分钟的回转数。RPM数值显示为0～9，当指针在1的位置时，表示引擎每分钟转速为1 000转。当RPM数值上升时，意味着引擎转速增加，也表示车速加快。

同样地，当处于惊吓或危急状况时，我们身体的交感神经会开始运作，促使身体分解储存在体内的葡萄糖，让身体得以迅速应对危险。这就是为什么当我在湖边散步遇到大型犬时，会突然瞳孔放大、心跳加速。反之，如果你和大型犬相安无事地共处，紧张的情绪会逐渐平静，心跳速度也会慢下来，原本干燥的口舌也会开始分泌唾液，甚至想坐在路边的咖啡厅，来一杯冰激淋和热咖啡融合在一起的甜品阿芙佳朵。这是因为副交感神经开始运作，副交感神经就像是我们体内的刹车器。

神经系统这个名词听起来或许会让人觉得有些难懂，简单来说，就是5种感官接收刺激信息后，将出现的反应传达到身体各个部位的"通道"。就像你从首尔去釜山，必须经过京釜高速公路一样，神经系统也有某种通道。人们通过5种感官将接收到的刺激传达到大脑，根据大脑的判断和指令，身体会做出反应。

要把人们在散步路上接收到的我的爱犬棉花的刺激，传送到他们的大脑，这些刺激也必须经过某种通道，也就是所谓的视神经通道。视觉感受器接收到的棉花的外观信息会变成一种电子信号，沿着视神经传送到前额叶。当前额叶接收到这项信息后，会做出某种判断，判断的标准大部分是依据过往经验。对小狗有好印象的人，看到棉花时，前额叶会下达微笑的指令；曾被小狗咬过的人，前额叶会下达回避的指令。

前额叶的指令会沿着中枢神经系统传送到身体各个器官。从大脑到脊髓的通道称为中枢神经系统，如果把我们的身体比喻成朝鲜半岛，中枢神经系统就是京釜高速公路。当爱狗人士的前额叶下达指令时，其脸部肌肉会做出微笑的表情，眼睛眯成一条线，心跳速度也会慢下来。

从中枢神经系统连接到身体各个器官，有许多条较小的通道，这些通道就是周围神经系统。如果你从京釜高速公路开车到其他小城市，必须经过匝道。周围神经系统就像是经匝道通往小城市的岔路，不过两者有一项差异。例如，从京釜高速公路开往庆州的路只有一条，但从中枢神经通往周围神经的路却有两条。一条是安全舒适的道路，另一条是紧急危险的道路。这两条道路就是自主神经系统,也就是交感神经和副交感神经系统。

看到狗时觉得受到威胁的人,交感神经开始发挥作用,脸上神情紧张,肌肉变得僵硬。当狗靠近时,他们可能会下意识用拳头防卫。这正是身体情绪温度上升时的表现。反之,如果是喜欢狗的人,他们看到狗时脸部线条会比较柔和,身体肌肉也会放松。这是因为副交感神经在发挥作用,让身体的情绪温度降低。总的来说,我们身体的神经系统,是情绪温度的主宰。

像读书、运动、玩游戏这些我们主要在白天进行的活动,使用的通道是让情绪温度上升的交感神经系统。和朋友吵架或被父母骂时,交感神经系统也会变得活跃,玩手游或看到负面新闻时也一样。反之,对于睡眠或休息这些主要在晚上进行的活动,使用的通道就是让情绪温度降低的副交感神经系统。我们和家人享用美食,或听到别人的鼓励时,也会使副交感神经变得活跃。即使我们是在幽静的小路上散步,也能刺激副交感神经系统。

交感神经系统和副交感神经系统就像天平的两端，当一边太重往下沉时，另一边就会上升。当交感神经系统占上风时，便会抑制副交感神经系统发挥作用；当副交感神经系统变得活跃时，交感神经系统的活跃度就会下降。

从光州到首尔有两条高速公路，一条是湖南高速公路，另一条是西海岸高速公路。如果大家只走其中一条公路，会发生什么事？这条公路会变得拥堵，也会增加交通事故发生的风险。我们的神经系统也一样，因此必须让交感神经系统和副交感神经系统维持在平衡状态。

交感神经系统和副交感神经系统活跃程度的比率，通常会随着一天的行程有所变动，进而取得平衡。大致上，白天的交感神经系统和副交感神经系统活跃程度比率是7∶3，到了晚上刚好反过来。假如白天交感神经系统和副交感神经系统的活跃程度比率是8∶2或9∶1，那会发生什么事？交感神经会变得过度活跃，导致身体失去平衡，人很容易感到疲倦，遇到一点儿小事就生气或不耐烦。当交感神经过于亢奋时，人晚上也会难以入睡。

我平时喜欢打网球，周末会去网球俱乐部。但每次网球比赛前一天，我就像小学时去远足的前一天晚上一样，紧张得睡不着觉，哪怕数绵羊数了好几遍，集中注意力在一件事情上，努力尝试入睡，也徒劳无功。第二天的比赛结果当然不如预期，别说是得奖，经常只是勉强通过预赛而已。这是因为比赛前一天交感神经过度活跃，导致我无法入睡，造成身体失衡。

交感神经过度活跃的孩子，呈现出来的生活面貌会是怎样的？我们经常提到的注意力分散的孩子，正属于这种交感神经过度活跃类型的孩子。通常这些孩子从小就常听别人说他们体力过剩，或是玩游戏时注意力不集中，或总是不小心让自己受伤。不管是整理书桌，还是收拾玩具，他们自己该做的事情，没有一件事能做好。他们明明听得懂大人说的话，但就是不听。他们喜欢在走廊上跑跳，也很爱爬高。即使是上课期间，他们也一刻都静不下来，手脚动来动去，手脚不动时换成头动，头不动时就换成身体扭动。吃饭时也一样，他们一边吃饭一边抖脚，还继续跟同学打闹嬉戏。老师因此很不安，视线也不敢轻易离开他们。

最重要的是，交感神经过度亢奋时，愤怒也会伴随而来。在这些孩子的内心里，好似有一只鼓起的气球，只要稍微被别人碰到，气球就会爆炸。即使其他同学只是经过他们身旁，轻轻碰了他们的肩膀一下，他们也会和这些同学起冲突，对同学拳脚相向，大吼大叫，拿起身边的东西追着同学跑。踢足球或打排球时，如果别人不把球传给他们，他们也会立刻暴跳如雷，有些孩子甚至还会对老师发脾气。随着这些孩子的年级升高，他们的朋友也一个一个地离开了他们。但问题是，这样的孩子越来越多。日渐高涨的情绪温度，正在危害孩子们的生活。

高情绪温度影响孩子的学习

> 大人怎么会疯狂地以为：要想让孩子表现得更好，我们必须先要让他们感觉很糟？
>
> ——简·尼尔森（Jane Nelsen）

将水倒进咖啡壶再开启电源，过一段时间后会看见白色水蒸气冉冉上升，接着水开始沸腾。水之所以会沸腾，是因为加热后水达到了100℃的沸点。水温在99℃之前，水的物质状态并不会改变，但水温再上升1℃后，水就会从液态水变成水蒸气。水结冰也是一样的道理，水温在1℃时，液态水无法凝固成冰块，必须达到0℃的冰点后，水才会从液态变成固态。我们把物体由一种状态转变成另一种状态的条件称为"临界点"，达到临界点后，物质的构造和性质会转变成完全不同的状态。

人也有临界点吗？我在研究所读书时，每周五必须自行开车前往位于天安的学校。从光州到天安的车程约2.5小时，晚上7点下课后，大概开1小时的车后，我就开始感到疲倦，即使用尽各种方法提神，依旧无法抵挡睡意。这是因为我的身体过度疲劳，超过身心负荷的极限，疲劳值达到了所谓的临界点。

孩子们也是如此。孩子从进入小学后，开始受到来自父母、同学、老师的各种情绪伤害，经过慢慢演变，不安、恐惧、自卑的情绪逐渐占据孩子的内心。这就跟盖房子时砌砖一样，这些情绪伤害也是经过一点一滴的累积，造成情绪温度上升的。起初，没有人察觉到孩子内心的伤口正在逐渐扩大，因为孩子表现出来的情绪就像水温在 99 ℃前，水的状态一直没变一样。但过了小学低年级，孩子的情绪温度达到临界点，孩子的行为开始出现剧烈转变，孩子会变得判若两人，就像建宇变得脾气暴躁、熙秀爱偷别人的东西一样。每个孩子的长相和个性不尽相同，因此当情绪温度超过临界点后，孩子表现出的行为也截然不同。

老师其实也一样，也有情绪温度的临界点，当情绪温度超过临界点时，也会感到身心俱疲或力不从心。

某年的 6 月，学校来了一名转学生，在这个孩子转入班级前，这个班的班主任总是令人感受到如沐春风般的温暖。然而，这个孩子转入班级 1 个月后，学校开始出现许多关于这个孩子的传闻。有一次球不小心飞到学校餐厅的屋顶，这个孩子为了捡球爬到屋顶上，班主任发现后训斥了他一顿，告诉他这么做很危险。结果，他却反驳老师："学校屋顶的设计本身就有问题，怎么会设计成让球可以飞上去的呢？"对于孩子这样的回应，班主任姑且还安慰自己是因为这个孩子太天真。但有一天，这个孩子拿着餐盘奔跑时跌倒，班主任告诫他不可以在餐厅奔跑，否则会摔倒，孩子却说是地板太滑导致他跌倒，这件事在当时引起了一阵骚动。这个孩子总是把自己犯的错误，全都归咎在别人身上。

这个孩子转学进来 3 个月后，有一天，我突然听到孩子的班主任昏倒的消息，班主任被救护车送去了急诊室，还请假在家休养了好一阵子。班主任忍不住向我吐苦水，说他教书 30 年来，第一次遇到这么难带的孩子。

我相信大家应该都听过"炸锅"这种说法，这或许是最适合拿来形容情绪的用语。就像烧水壶里的水达到 100 ℃时，你掀开盖子会冒出水蒸气一样，人的情绪也是如此。当情绪温度达到 100 ℃时，人的想法会改变，个性也会跟着改变。人可能会变得很爱生气，动不动就发火；或是陷入严重失落的情绪中，经常泪流满面。在校园里，我经常看到情绪温度超过 100 ℃的孩子。

冬天，汽车有时会突然发动不了，这种状况通常是因为电瓶没电了。孩子也是一样，情绪温度超过 100 ℃的孩子很难"发动"，总是把老师和父母的话当耳边风，老爱唱反调，别人怎么管都管不动。他们经常和老师或父母顶嘴，身边的朋友也变得越来越少。

面对情绪温度高涨的孩子，身为大人的我们，可以做些什么呢？我相信大家都有过这样的经验，当你气得面红耳赤时，无论旁人再怎么好言相劝，你也完全听不进去。在情绪温度高涨时，理性起不了任何作用，因为情绪的本能反应胜过了理性。一旦情绪升温超过临界点后，我们的身体会根据生存本能，做出躲藏、逃跑或攻击他人等自然反应。

汽车的电瓶可以靠连接电源重新充电。那么，情绪温度高涨的孩子，怎样才能重新回到正常轨道？硬是把大人们塑造出来的模范生框架，强加在情绪高涨的孩子身上，并非明智之举。许多父母会特别注重孩子的智能发展，认为智商越高，学习成绩越好。但事实上，最近越来越多强有力的声音认为：决定成功的关键，并不是智商，而是情商。要找到正确的人生方向，需要的不是拼命读书，而是要倾听情绪想说的话。社会上的大多成功人士，也不是靠聪明的脑袋成功，而是通过认识情绪，去适应环境进而取得发展。不让情绪恣意沸腾，与情绪沟通并学会控制情绪，才能静下心来好好学习。

当情绪温度超过临界点时，人是难以感受到幸福的。体会过幸福的人，才能找到幸福。当情绪像平静的湖面一样时，人才会对学习产生兴趣，也才能乐在其中。

434位情绪家庭成员

在韩国传统民间故事《情谊深厚的兄弟》中，感情深厚的两兄弟，在秋收过后，为了把稻捆给对方，各自偷偷地把稻捆放在对方家的稻捆堆里。但令他们百思不得其解的是，明明已经把稻捆送出去了，但家中的稻捆存量却没有减少。有一天晚上，两兄弟又背着稻捆准备送去对方家，刚好在路上巧遇，这时才发现事情的真相，兄弟俩感动地相拥而泣。

恐惧情绪也有这样情谊深厚的"兄弟"。有时，人们为了赶走恐惧情绪，会出现勇敢情绪这个"兄弟"；有时，人们为了保护自己，恐惧情绪也会和愤怒情绪结为兄弟。事实上，情绪家族的成员众多，包括恐惧、愤怒、悲伤、孤独、开心、自卑、羞愧等，由于语言和文化不同，情绪家族的成员从数十名到数百名不等。

首尔大学心理学系的闵景焕教授团队曾针对

韩语表达情绪的词汇进行过研究，发表了《韩语情绪词汇列表与层次探讨》。研究指出，用来表达情绪的韩语词共434个，也就是说，我们拥有434位情绪家庭成员。"我"可以说是这434位情绪家族成员的代名词，其中恐惧这种情绪扮演了师长和父母的角色。它让在操场上跌倒的孩子学会勇敢，让遭受朋友不当对待的孩子学会愤怒，让成绩退步的孩子学会努力，让孩子在家人生病时学会悲伤。换句话说，这些情绪尽可能地让我们的身心维持健康状态。

但如果漠视恐惧这名"老师"，会发生什么？老师自然不会好好照顾学生，就像不断被家长投诉的老师，很难专心把孩子照顾好。一直以来，我们总是努力压抑恐惧，认为必须把恐惧驱逐于外。市面上的许多自我成长书籍，也都认为恐惧是必须克服和对抗的情绪。然而，倘若真的想要克服恐惧，我们应该做的不是去压抑它，而是要尊重它。

第1章 认识情绪才能看见孩子

在学校深受老师宠爱的孩子,有一些共同点,其中一个就是他们的父母很尊重老师。有句话叫"幸福的老师才能造就幸福的孩子"。对老师而言,最幸福的事,莫过于受到孩子和其父母的尊重。假如孩子的父母不尊重老师,孩子自然也不会尊重老师。恐惧情绪也是如此,当恐惧情绪获得其他情绪家族成员的尊重时,人的身心才能健康发展。

在434种情绪中,为什么恐惧情绪特别重要?事实上,与猛兽相比,人类的力气小很多;相较于其他一些小动物,人类的视力比较弱,动作也不够敏捷,几乎可以说,人类若只依靠身体力量,是不足以保护自己的。不过,唯独一件事,是人类比其他动物强大的,那就是人类懂得思考。因为人类懂得思考,所以采取群体生活的方式,也正因为这样,才得以消除一部分对猛兽的恐惧。通过不断地进化,人类克服了许多生存中的恐惧。

然而，令人惊讶的是，相比原始人，现代人生活在更大的恐惧环境中，饱受愤怒、忧郁、焦虑所苦的孩子们的恐惧更是不计其数。像焦虑症、恐慌症、偷窃癖、说谎癖等儿童心理障碍问题，大部分都与恐惧有关，只不过依照恐惧程度不同，症状名称也不同而已。为什么现代文明如此发达，人们却无力摆脱恐惧，无法从根本上克服恐惧？

想找到问题的答案，必须先理解恐惧产生的根源。俗话说："就算是蚯蚓，被踩了也会挣扎。"这句话是用来比喻即使是个性温和善良的人，或是位于社会底层的人，当遭受不当对待时，也绝不会任人宰割。让蚯蚓挣扎的情绪，正是恐惧，蚯蚓也一样会恐惧。

从生物演化的过程来看，现代生物出现的时间点约在5亿年前，爬行动物和鸟类则是在3.5亿年前，哺乳类动物约在1.5亿年前，当时绝大多数的恐龙已灭绝。那么，动物是从什么时候开

第1章 认识情绪才能看见孩子

始有情绪的呢？我们都知道，包括小狗在内的哺乳动物都有情绪，那鸟类或爬行动物呢？鸟类或爬行动物感受到压力时，肾上腺素或皮质醇等激素的分泌量会增加，体温也会升高，这正是情绪产生的表现。这么说来，情绪的历史有将近3.5亿年了吗？

西班牙巴塞罗那大学研究团队曾做过一项实验，想进一步了解情绪的历史。研究人员准备了72条斑马鱼以及两个水温不同的水槽，他们在两个水槽间装了一根管子，让斑马鱼可以自由游动，再把斑马鱼分为A、B两组，将A组置于28℃的水槽中，将B组置于27℃的水槽中。15分钟后，研究人员发现，A组的鱼没有离开自己的水槽，但B组的鱼却不断试图想要游到A组的水槽内。在这个实验中，值得注意的是B组鱼的体温变化：B组鱼的体温较测试前上升了2～4℃。体温升高是情绪激动的表现，基于这一现象，有些学者认为鱼类也有情绪。鱼类出现的时间点约在5亿年前，从演化的角度来看，情绪的历史或许要追溯至5亿年前。

另外,具有思维能力的大脑的演化史又是什么情况呢?思维能力由大脑皮层的额叶区掌管,以语言活动为基础,进行分析、判断、记忆等各种创造性活动。虽然不同的学者对此看法略有不同,但整体来说负责掌管思维心智的大脑,出现在200万~300万年前。相较于5亿年前出现的以恐惧为主的"情绪脑",掌管思考的"理性脑"可以说才刚出现。情绪脑由杏仁核主导的下丘脑、海马等边缘系统掌管,理性脑则由以额叶为中心的枕叶、颞叶、顶叶等近期演化出来的部位掌管。

当情绪脑判断一件事对生命有危险时,会自动出现焦虑或恐惧的情绪,无论理性脑怎么进行说服,对情绪脑都不起作用。就像一个人独自在深山里行走时,即使心里一直告诉自己不要怕,还是会忍不住冒冷汗。患有焦虑症、注意缺陷多动障碍、恐慌症、偷窃癖、说谎癖的孩子越来越多,也是强大的情绪脑在作祟。

第 2 章

让父母情绪温度降低的方法

情绪稳定的父母养出幸福的孩子

父母是孩子的学习榜样

　　孩子向来不擅长好好听大人的话,但模仿大人倒是很有一套。
　　——詹姆斯·马克·鲍德温(James Mark Baldwin)

　　每天早上出门前,我们一定会在某个地方稍微驻足,那个地方就是镜子前。我们可能会站在镜子前试戴各种领带,找出一条款式与衬衫搭配的戴上,也会看看衣服上有没有沾染灰尘。生活中如果没有了镜子,会发生什么事?可能化妆时乱画一通让自己变成笑柄,或是吃完饭得拿汤匙当镜子,来看看牙缝里有没有卡东西。早期人类用湖水或池塘里的水面当镜子,但因为水面无法随身携带,而且容易晃动,于是,人们开始磨制石器,以打造出光滑可以携带的镜子。

第 2 章　让父母情绪温度降低的方法

在我们的大脑里也有一面这样的镜子，它就是前面提到的镜像神经元，也被称为镜像细胞。它就像大脑中的一面镜子，能够直接在观察者大脑中映射出别人的行为、情绪和意图，是一类有特殊功能的神经细胞，故有此称。意大利神经心理学家贾科莫·里佐拉蒂（Giacomo Rizzolatti）及其研究团队在猴子的大脑里也发现了镜像细胞。他们让猴子做各种动作，并观察猴子大脑的活化区块。研究团队发现了一件非常有趣的事情：当猴子只是看到其他猴子或身边人的行为时，这只猴子脑中的一些细胞也会出现反应，就好像自己也正在进行同样的行为。

举例来说，让猴子 A 夹盘子里的花生，此时观察猴子 A 的大脑，可以看见猴子 A 大脑中的区块 C 产生活化现象。大脑受到刺激的区块 C，会出现与夹花生动作有关的神经细胞的活化状态。神奇的是，在旁边一直观察的猴子 B，大脑内的区块 C 也同样呈现活化状态。换句话说，猴子 B 的大脑像镜子一样反射了直接做出行为的猴子 A 的大脑反应。

因此，只是看到别人的行为，大脑的神经细胞也会做出相应的反应。人类的镜像神经元比猴子的更为发达。假设孩子看到妈妈正在打扫客厅，此时观察妈妈的大脑，会有某个区块呈活化状态。看到这个画面的孩子，大脑内相同的区块也会出现活化现象。同样的反应不只表现在观察别人的行为上，就连听到别人的言语时，也会产生同样的反应。孩子出生后，最常听到的和看到的就是父母的言语和行为。孩子脑内的镜像神经元会模仿父母的言行举止，也就是说，孩子的大脑和父母的大脑会呈现相似的活动状态。当父母对孩子说"我爱你"时，孩子会感受到父母说这句话时的幸福感。当父母带着抱怨和焦虑的口吻说出"你到底是因为像谁才会这样？"时，听到这句话的孩子，也同样会感受到抱怨和焦虑。如果父母的言行粗鲁，孩子也会变得躁动不安；反之，如果父母的言行温和，孩子也比较能保持平静。孩子的学习、成长和幸福的关键之所以在于父母，正是因为受到镜像神经元模仿机制的影响。

当然，父母们也有话要说。许多父母认为自己之所以会这样，也是受到父辈的影响。假如孩子备受他人称赞，那要归功于其父母；假如孩子每天被折磨到以泪洗面，那也是其父母造成的。这就是所谓的"家庭文化"。换句话说，整个家庭对孩子教育的影响会代代相传。

第 2 章　让父母情绪温度降低的方法

　　做父母的心情都是一样的，不求孩子大富大贵，只希望孩子品行端正，能够在自己擅长的领域发挥所长，幸福快乐地生活。要想实现这个心愿，必须阻止镜像神经元的"恶性循环"。这样的恶性循环如果可以结束，孩子和他的后代子孙就能过上幸福的生活；如果无法结束，他们最终也会变得不幸。镜像神经元所传达出来的信息就像是在说："请让我每天都能看见和听见美好的事物吧！"当孩子听到父母赞美的言语，孩子会感到开心；当父母对待孩子的方式粗鲁无礼，孩子自然也会积累许多抱怨和不满。因此，这就是为什么说要让孩子的情绪温度降低，必须先让父母的情绪温度降低。

情绪稳定的父母养出幸福的孩子

孩子是世界上最珍贵的客人

> 孩子需要被欣赏和珍视,而不是被管教。
> ——丹尼尔·西格尔(Daniel J. Siegel)

"如今,女儿正独自面向人生的洪流,我既不能为她打造一座桥,也无法替她过河。我只能祈求上天,愿它赐予我的女儿勇气和毅力,使她不至于绝望,帮助她安全渡河,直到最后。"这是已故作家崔仁浩《我女儿的女儿》书中的一段内容,这本书细腻地描绘了他对女儿和孙女的爱。我在读这本书时,思考了许多关于养育子女的意义,或许天底下所有的父母,都是同样的心情吧。

不久前,我曾和一些孩子的父母聊到关于"孩子对我

第 2 章　让父母情绪温度降低的方法

来说意味着什么？"这个话题。"孩子是让我坚持下去的力量。"有位一年级孩子的妈妈说，"即使生活再艰辛再痛苦，只要一想到孩子在家里等着，我就有勇气继续面对。"另一位二年级孩子的妈妈在一旁听完后，也说出了类似的话："孩子是我生存的动力。"大部分一二年级孩子的父母，都把孩子当成是自己的希望，也因此更加努力地生活。

再听听看三四年级孩子的父母怎么说吧！一位家长说："孩子就像是我的第二人生。"通常第二人生的说法是用来形容婚姻，但如果觉得养育孩子就像开启人生的新篇章，在某种程度上也意味着养育孩子并不是件容易的事。甚至还有家长说在孩子升至三年级后，他才发现养育孩子是世界上最困难的工作。听到这样的话时，我忍不住心想："等孩子上了中学你就知道，你的第三人生正要开始。"

五六年级孩子的父母又是怎么说的呢？大部分父母都只是笑而不答。只有当一位家长说"老实说，我不知道该怎么教孩子"后，其他家长才开口，然后纷纷附和。"嗯，真的不知道。""只觉得越来越累，有时忍不住会想，这真的是我的孩子吗？"大多数高年级孩子的妈妈已出现疲态。仅从活

073

动出席率就能看出来。在孩子上低年级时，几乎每场课程说明会、教学观摩活动都一定会参加的家长，在孩子升上高年级后，出席次数明显减少，就连为期一周的亲师交流时间，申请人数也寥寥无几。真的是因为教养倦怠才会这样吗？

"我的孩子不是我的孩子，而是一个完整独立的个体。我只不过是以父亲的身份，在她还没离开我时，暂时照顾她一段时间，就像当铺老板一样。"这段话是崔仁浩在《我女儿的女儿》中谈到的对于"子女"的定义。我有时不禁会想，或许孩子是上天派来暂时让我们照顾的客人。主人不可能要求客人要有远大的梦想，要写功课，数学成绩要好，要多交一些朋友……而会为了客人的到来把家里打扫干净，准备美味的食物，好好陪客人聊天，这才是所谓的待客之道。

孩子之所以会出现学习倦怠，或许是因为父母把孩子当作星星和花朵看待，认为孩子应该像星星一样耀眼，像花朵一样绽放。一至三年级的孩子努力想成为父母眼中的星星和花朵。就连家长都能感觉到，这个阶段的孩子进步神速。因

第 2 章 让父母情绪温度降低的方法

此,这种现象可能也会让父母对孩子期待过高。父母看到孩子认真学习的样子,会变得更贪心,希望孩子能成为更耀眼的星星、更美丽的花朵,从而不断地给孩子加注更多负担。然而,随着年级越升越高,孩子会发现要学的知识越来越多,逐渐对学习产生了倦怠感。

当花朵被浇水过多时,根部反而会慢慢腐烂,孩子的学习也一样。如果孩子在小学低年级时就出现学习倦怠,等孩子升至四年级,最迟到中学,就可能会突然性情大变,开始逃学,拒绝去补习班,不爱读书,甚至会反抗父母。父母看到孩子的这些表现,会首先考虑是不是哪里出了问题,想知道问题到底出在哪里。于是,他们拼命翻书找答案,到处参加亲子讲座。但即使使用在亲子讲座中学到的方法,试着和孩子沟通,结果仍不如预期。到最后他们只能安慰自己:"本来以为我们家孩子不会这样,没想到还是出现可怕的'中二病'[①]了。"

[①] "中二病",源自日本网络流行语,"中二"即初中二年级的意思。"中二病"指的是青春期少年特有的自以为是的思想、行为和价值观。——译者注

事实上，医学上并没有"中二病"这种疾病。所谓的中二病不是在特定年纪出现的疾病，而是孩子在小学时期不断积累的情绪的突然爆发。当然，从理论上来说，不可否认的是，前额叶尚未发育成熟是这一时期孩子的特征。然而，"情绪的积累"也一样不容忽视。就像只有大量阅读跟植物有关的书籍，才会积累植物领域的相关知识一样，情绪也是慢慢积累起来的。无论是好情绪、坏情绪，都会被一点一滴记录在大脑里。

要想避免孩子出现"中二病"，必须把孩子当作上天派来的珍贵的客人。当我们把孩子视为珍贵的客人时，会有什么不同呢？我们会准备客人喜欢的茶点，坐下来用心聆听客人的需求。更重要的是，把孩子当成珍贵的客人看待时，父母的情绪温度也会降低，因为不能对客人恶言相向，说话时自然会尽可能地轻声细语。即使被客人的行为或言语冒犯，想必主人也不会流露出不满和抱怨吧？因为这是上天派来的珍贵的客人。

当客人备受礼遇时，客人又会有什么样的感受？他会把主人的温暖铭记在心，之后也可能会邀请主人到自己家作客，以诚挚的邀请作为报答。同样，当孩子获得珍贵的客人般的待遇时，也会以相应的行动回报父母。即使他再疲倦，也会努力认真学习，因为他比世界上的任何人都更希望获得父母的肯定。原本沉迷于手游的孩子，会放下手机和妈妈相视而笑；不爱读书的孩子，会开始坐在书桌前读书。看到孩子的改变，父母会感到幸福，其内心的情绪温度也会慢慢降低。父母真正爱孩子的方式，就是把孩子视为珍贵的客人。

欲望是情绪的基石

> 罪莫大于可欲，祸莫大于不知足，咎莫大于欲得。
>
> ——老子

父母想要降低情绪温度，把孩子当成珍贵的客人对待，必须好好检视自己内心深处的情绪。当情绪被欲望填满时，情绪温度会升高，父母容易把孩子当成自己的所有物，亲子间的战争就此展开。反之，若能把孩子视为珍贵的客人，情绪温度会逐渐降低。内心的欲望消失了，幸福自然就会到来。

情绪，就像我们内心深处的湖。当我们在四季鲜花盛开的湖畔散步时，心情会变得平静。这里的鸭子群悠然自得，

第 2 章　让父母情绪温度降低的方法

人们谈笑风生。当人的情绪稳定时，人的内心就像风平浪静的湖面，闪烁着耀眼的光芒。

然而，平静的湖面也难免会碰上暴风雨，有时是夏季的台风，有时是冬季凛冽的寒风。在这样的日子里，湖面剧烈波动，湖畔人迹罕至，就连鸭子群也不见了踪影。当我们情绪激动时，心情也像波涛汹涌的湖水，任凭愤怒的情绪翻搅，放任厌恶的情绪高涨，失去了内心的平静和自在。不过，当湖面逐渐平静下来后，为了躲避狂风不见踪影的鸭子群又会再次出现。我们的心情就像波动的湖水一样，仅是一天内，就可能经历各种起伏。即使在风力、风量相同的情况下，随着湖水的深度和面积的不同，湖面受影响的程度也不同。当微风阵阵吹来时，湖水面积越大，湖面波动越小；湖水面积越小，湖面波动越大。越是宽广的湖面，越不会随风起舞。每个人内心的湖水面积和深度也一样有大有小、有深有浅。有些人内心的湖又深又广，有些人内心的湖则像装酱油的碟子一样又浅又小。为了小事暴跳如雷的人，内心的湖就像酱油碟一样小，光用嘴巴轻轻一吹，酱油就会溅出来弄脏衣服。或许教育就是为了让情绪的湖变得更宽广。不只是教育，通过阅读和旅行，也能拓宽情绪的湖。

要想降低情绪温度，必须先仔细观察内心的这个情绪湖。情绪湖之所以会变得像酱油碟一样小，是因为内在的欲望过多。恐惧是人类最底层的情绪，当父母对孩子的未来充满焦虑时，父母内心的恐惧就会变成欲望。

事实上，欲望是促进人类文明进步的重要动力。我之所以写书，追根究底也是源自欲望。欲望可以比喻成是湖水底部的石头或泥沙，石头、泥沙的量越多，湖容纳的水量就越少；湖水越少，鱼儿们就越难以存活。同样，当欲望过多时，内心自然容不下感恩、喜悦、关怀等情绪。在这种情况下，父母又会以什么样的心态对待孩子呢？要是能再用功一点儿就好了，要是梦想再明确一点儿就好了，要是再多读一点儿书就好了……父母会抱着这样的心态对待孩子。当父母的欲望不断增长时，他们就会被自己的欲望蒙蔽双眼，就看不见孩子真正想要的是什么或擅长的是什么，看见的只是不爱学习、整天打游戏、无所事事的孩子。

父母唯有放下对孩子过多的期待，才能发现孩子真正想要的是什么，孩子擅长的是什么。当父母能以关怀、感恩和喜悦的心态看待孩子，能够拓宽自己内心的湖时，孩子的情绪温度也会跟着降低。情绪温度降低后，父母的眼神和声音会变得柔和而温暖，孩子也会逐渐改变，青春期不再叛逆。如此一来，父母和孩子都能感受到幸福，进而实现亲子关系的良性循环。

情绪稳定的父母养出幸福的孩子

面子是情绪的碎石

> 别人怎么想并不重要,过分在意别人的眼光,才是毁灭我们的元凶。
>
> ——本杰明·富兰克林(Benjamin Franklin)

我们一生中有无数的经历,有些经历印象深刻,有些却毫无印象。你还记得自己上小学的第一天吗?我记得上小学的第一天,一大早我牵着妈妈的手出门。我们家离学校很远,上学路上会经过一个大湖,我们走了好久才到学校。到学校后,我一边在寒冷的天气里用嘴巴呼气暖手,一边听校长训话。我还记得我的班主任是全校最漂亮的老师,她的面容和名字我至今记忆犹新,其他所有老师以及校长的长相和名字,我却完全想不起来了,也忘了坐我旁边个子不高的同学叫什么。我脑海中隐约会浮现教室的画面，但也只有风琴和书桌，其他具体的场景都想不起来了。

即使过了那么多年，我依旧记得老师的长相和名字，心理学上把这种记忆称为"意识"，校长或隔壁桌同学的这种被遗忘的记忆被称为"无意识"。

意识和无意识在人脑中的占比可以用冰山来比喻，如图 2-1 所示。水面上可见的冰山很小，隐藏在水面底下的冰山比水面上的冰山大了好几倍。假设水面上的冰山高度是 5 米，水面下的冰山高度可能就有 30～50 米。可能冰山将近 90% 的体积都在水面以下，露出水面的体积只有 10% 左右。

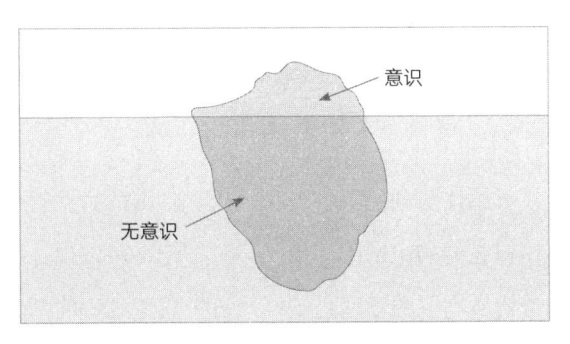

图 2-1　以冰山比喻意识和无意识

我们的记忆也跟冰山一样，只有极少部分的经验会转变为记忆，留存在脑海里，大多数的记忆会随着时间褪去，就像即使我再怎么努力想记起小学开学第一天遇到的同学，也想不起来一样。根据精神分析学家的解释，被遗忘的记忆只是无意中进入我们大脑中的，真的是这样吗？

或许小学新生入学仪式对一些人来说，就像电影画面一样历历在目；但也有些人跟我一样，只隐约记得一些零星片段。每个人的记忆力不尽相同，但有一项共同点：比起当天事件的具体经过，当时的心情和感受更令人印象深刻。虽然我丝毫不记得入学仪式上校长致词的内容，却记得当时自己听校长训话听得很不耐烦、浑身不自在的感受。那时候，我刚好和班主任四目相对，班主任对我露出了温暖的微笑，安抚了当时年幼的我。老师的那抹微笑，至今仍令我难以忘怀。

通过五感体验到的事物，和经历这件事的情绪感受，会一并存储在我们的记忆中。换句话说，记忆可以说是由事件本身和情绪所构成的，这是记忆系统中属于意识的部分。然而，即使受到相同强度的刺激，有很多事情却是我们完全记不得的。像沿路看到的风景或路人的面孔，如果你没有特别留心注意，很快就会遗忘。但事实上，这些事物仍存储在记忆中的某个地方，那就是所谓的无意识。

无意识也是建构自我整体的一部分，因此无意识里的情绪多少也会影响情绪温度。情绪湖的大小，也会受到所有存储在意识和无意识中的经验的影响而有所不同。

然而，在我们的无意识里，蕴藏着一股庞大的情绪能量。俗话说"死要面子活受罪"，"爱面子"的情绪在人们心中是根深蒂固的。自古以来，坚守自己和家族的颜面是一项重要美德，维持社会形象这件事则更加重要。许多人认为衣服一定要买百货公司的名牌，房子和车子越大越好。父母爱面子的心理也会影响孩子。因为父母把孩子当成获得面子的工具，所以自己的孩子必须比朋友的孩子学习成绩更好，必须考上好大学、找到好工作等。他们希望孩子成为自己的骄傲，虽然嘴上说一切都是为了孩子好，但其实是为了自己的面子着想。他们替孩子设定超出能力范围的高标准，不断逼迫孩子前进。如果孩子达不到目标，他们会感到生气或失望，这些情绪都会传达给孩子。

事实上，我也曾像这样对孩子抱有过多的期待，在不知不觉中施加了许多压力在孩子身上，希望孩子像王子和公主一样，只看到美好的事物，感受美好的生活，期望孩子的运动能力像柳贤振[①]一样厉害，说英语像美国人那样纯正，具备圣人君子的品格。在孩子上小学时，我就希望他将来至少能成为检察官或法官。但自从孩子上高中后，他的表现不如预期，成绩开始直线下滑，脸上逐渐失去了笑容，只顾着看我们的脸色。家里的气氛变得很沉重，整个家里弥漫着焦虑的情绪。孩子因为我的欲望和虚荣陷入身心俱疲的状态，但为人父母的我，却没意识到孩子也只是平凡人。当我开始审视自己的情绪后，才发现以爱为名的背后，其实藏着赤裸裸的欲望和爱面子的心理。现在，我总算能坦然地对孩子说："对不起，爸爸被贪心和虚荣心冲昏了头，让你们吃了不少苦头，爸爸真的很抱歉！"衷心希望看到这段文字的父母，不要再像我一样对孩子。当你放下欲望和面子时，你的情绪温度才会降低，你才能让孩子感受到幸福。

[①] 柳贤振，韩国知名职业棒球选手。——译者注

情绪决定记忆时间长短

我们看待世界的角度，源于至今积累的经验和记忆。从感恩的视角看世界的人，一定有过许多值得感谢的回忆；从愤怒的视角看世界的人，想必有过许多令人愤怒的体验。换句话说，存储在大脑中的记忆，决定了我们看待一件事情时的核心情绪。因此，为了更进一步认识情绪，我们必须先观察大脑中的记忆是如何形成的。下面我将带大家了解何谓记忆，以及情绪又是如何影响记忆的。

首先，记忆可以说是通过五感实时传送到脑海的各种信息。比如，我现在正坐在咖啡厅写作，窗外的风景、店内的摆设、正在打扫卫生的工作人员、眼前的桌子……这些信息经过整合后输入到我的大脑里。声音也一样，窗外公交车经过的声音、咖啡厅里播放的音乐、周围人的脚步声……各种声音信息不断地传送到大脑。

然而，并不是所有通过五感接收到的刺激都会被大脑记住，只有引起关注的信息，才会被传送到大脑深处，其他的则会消失，前者被称为"长期记忆"，后者被称为"短期记忆"。那么，哪些刺激会传送并存储在大脑深处，哪些刺激又会消失呢？在这里，情绪扮演了重要的角色，内在涌现的情绪会让我们特别注意某些刺激。不久前，我曾到亚洲文化殿堂，参观以"想象的边界"为主题的光州双年展。欣赏展览作品时，我驻足在朝鲜艺术展区，久久无法挪开脚步，尤其是《金刚山》这幅画，更是让我震撼不已。我之所以会被这幅画深深吸引，是因为它触动了我的情绪。在那天欣赏的众多作品里，像《金刚山》一样让我深受感动的作品，就会被传送到大脑存储为记忆，其余的则会消失。

也就是说，受到外界刺激而产生的情绪的强度，决定了哪些是长期记忆，哪些是短期记忆，不管是正面情绪还是负面情绪。如图2-2所示的我们脑中的神经细胞，细胞与细胞间并非直

第 2 章　让父母情绪温度降低的方法

接连接，而是通过一条像河流的通道相连，这个通道被称为突触。突触会将接收到的刺激信号，即神经冲动传送到下一个细胞，但需要满足特定条件，神经冲动才能穿越突触。要穿越突触，神经冲动必须依赖在突触间传递神经信息的化学物质，也就是我们常说的神经递质。神经递质包括乙酰胆碱、谷氨酸、多巴胺、血清素、肾上腺素、皮质醇等。

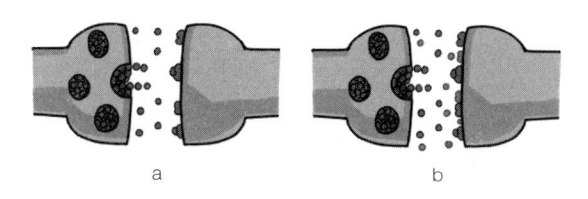

图 2-2　人体大脑中的神经细胞连接示意图

a 图表示神经递质分泌量较少，b 图表示神经递质分泌旺盛。可以看得出来，当我在欣赏《金刚山》这幅画时，大脑应该倾向 b 图显示的状态。当大脑中的神经细胞间释放大量神经递质时，《金刚山》这幅作品才能被深深刻印在我的脑海里。我在双年展上看过却没有印象的作品，在某种程度上也意味着当我在欣赏这些作品时，大脑中的神经递质分泌量较少。

情绪会影响神经递质分泌量，决定哪些信息被储存为长期记忆，哪些信息被储存为短期记忆。无论是负面情绪还是正面情绪，情绪强度越大，信息停留在大脑内的时间越长，进而转化为长期记忆；反之，情绪强度越小，信息消失速度越快，进而转化为短期记忆。换句话说，重要的信息蕴藏着情绪。情绪会调节神经细胞运作的方式，专注处理生存所需的信息，并帮助我们记忆。因此，当某一信息判定为与生存有关的重要信息时，大脑就会大量分泌神经递质。

生活中哪些信息是重要信息？每个人心目中认为重要的信息有所不同，但大致上，主要是能够激起强烈好奇心的信息、令人开心的信息、令人难过的信息、令人害怕的信息、令人喜欢的信息等。遇到这些信息时，涌现的情绪会让神经

第 2 章　让父母情绪温度降低的方法

递质大量分泌。我们每天都会接收各种信息，但能够长时间记住的并不多，或许是因为我们对这些信息的情绪并不强烈。情绪扮演着重要的角色，决定哪些是重要的记忆，哪些是随风飘散的记忆。

情绪稳定的父母养出幸福的孩子

用意识放大镜检视情绪

> 恐惧离不开希望,希望离不开恐惧。
> ——巴鲁赫·斯宾诺莎(Baruch de Spinoza)

环顾生活周遭,比起凡事懂得感恩、生活幸福的人,爱抱怨、过得痛苦的人似乎更多。心理学认为,恐惧、愤怒、忧郁是大多数人的核心情绪。或许这是理所当然的事,因为恐惧是承袭自远古时代原始人类的基本情绪。可以说恐惧是情绪家族中的老大,而我们却给恐惧贴上坏情绪的标签,经常压抑和逃避它。

韩国传统民间故事《大豆红豆传》,讲述了一位名叫大豆的善良美丽的女孩,被继母和同父异母的妹妹红豆欺负的故事。或许大豆也一样会感到恐惧或愤怒，这些情绪是保护她、激励她前进的良好情绪反应，但因为遇到恶毒的继母，经常被打压，所以她才会变得顺从和被动。父母和老师也总是教导我们，恐惧是不好的情绪。

然而，并不是所有人都会像大豆那样变得顺从。大部分人的情绪被压抑时，会出现反作用，越是被压抑，越是想反抗。我们在深山里行经吊桥前，因为害怕不敢往前走，即使催促自己"大家都过桥了，我有什么好怕的"，身体却动弹不得，这是因为越压抑恐惧，恐惧越容易滋长。这时候应该怎么做？我们必须试着拥抱恐惧。拥抱恐惧就像欣赏野花一样，诗人罗泰柱曾说："细看方知美丽，久品才觉可爱。"我们必须仔细观察陷入恐惧时的身体反应，持续观察恐惧是如何对我们的身体产生影响的。

要如何觉察恐惧时身体出现的反应？首先，想象我们的意识变成了一只圆形的放大镜，然后再用放大镜仔细观察身体，从头部开始，接着是脸部、肩膀、胸口、肚子、脚……依次向下。当我们用意识放大镜觉察到恐惧时，恐惧自然就会慢慢消失。对于愤怒也是一样，当我们生气时，也可以用意识放大镜观察身体变化，找出愤怒藏在体内的位置，从头部开始，然后是侧面、正面、背面，接着我们也能感受到内心的怒火慢慢平息。

或许有人会问："我都已经气得火冒三丈了，怎么可能静下心来拿意识放大镜检视自己？"没错，这必须靠平时不断练习，才能在情绪来临时，冷静地察觉那些让自己不舒服的情绪。例如，我们可以在喝水时、看书时、与人交谈时，刻意练习用意识放大镜观察自己的情绪状态。不仅是负面情绪，即使是正面情绪，我们也要用意识放大镜仔细观察，不一定要按照由上往下的顺序，由下往上也可以，或是持续观察胸口的感受也可以。我们要练就用意识放大镜，寻找情绪的藏身之处的能力。

"给1斗还1升"的情绪

> 做决策时，最终是由感性决定而非理性。
>
> ——赫伯特·斯宾塞（Herbert Spencer）

我们用意识放大镜检视情绪时，因为还得依靠大脑中想象出来的放大镜来观察，所以从逻辑上或许不太好理解。10年前我热衷于冥想，有一天在冥想时，我突然感觉自己下腹部出现了一条很长的带子。当然，这很难用逻辑或科学解释，情绪也是如此。当你用意识放大镜观察身体变化、寻找情绪的藏身之处时，可能会在某一刻冒出"就是这里！"的感受，这也一样无法从科学的角度解释。

找到情绪后，接下来就是去感受情绪如何反映在身体上，你可以摸摸看或是压压看。当你站在吊桥前身体动弹不得时，如果你用意识放大镜检视，会发现恐惧情绪的反映在腿上。恐惧为了保护我们的生命安全，不让我们过桥，腿部的肌肉才会因此变得无力。这时候，你只需要温柔地善待恐惧，试着对它说："没事的，一点儿也不危险，你看其他人也都平安过桥了。"然后你再慢慢感受身体的状态，会察觉到自己比之前放松许多，这是因为恐惧妥协了。腿部开始产生力量，接着脚逐渐迈开步伐，你一步一步走上桥，最后终于成功跨过了吊桥。

或许有些人会担心："去挖掘恐惧、愤怒、悲伤、自卑这样的情绪，难道这些情绪不会变得更严重吗？"这其实只是无谓的担忧。身边许多朋友运用我推荐给他们的方法后，纷纷表示效果比想象的更好。其中有一位老师，多年来深受悲伤情绪困扰，每到春天尤其容易感到悲伤。我和她谈完后她的状况改善了很多。以下是我和她的对话内容：

问：为什么每到春天我就会特别难过？看到花朵盛开，我应该开心才对，但我却觉得伤感。就连看到树上冒出新芽我也会忍不住悲伤，有时候甚至一整天都会沉浸在悲伤情绪中。

答：看来你的感受力特别敏锐，我也很想多感受一下悲伤情绪。

问：我没有开玩笑，听人家说"女子伤春，男子悲秋"，老师您也会这样吗？

答：我好像有一点儿，秋天的时候似乎特别容易伤感，也比较容易提不起精神。

问：遇到这种情况的时候您会怎么做？

答：当我发现自己脸上露出悲伤情绪时，我会先跟它打招呼，告诉它我很想它，接着再找出悲伤到底藏在体内何处。

问：那要怎么做呢？

答：不是有放大镜吗？孩子们观察花朵或昆虫时，都会用放大镜。你先把意识想象成放大镜，用放大镜从头部、脸部、脖子、肩膀、胸口等部位依次检视。每个地方停留两三秒，通过这样的方式慢慢检视身体，找到悲伤的藏匿之处。

问：这样悲伤就会淡化吗？

答：当然会啊，虽然你可能还是会感到悲伤，但悲伤程度会减轻许多，情绪也会变得比较平静。

为什么当我们用意识放大镜检视情绪时,悲伤、愤怒和恐惧等不舒服的情绪会慢慢淡化?通过图 2-3 来了解原因吧!图 2-3 是掌管理性的前额叶与掌管情绪的边缘系统神经细胞传送状态示意图,是理性脑和情绪脑呈现的状态。

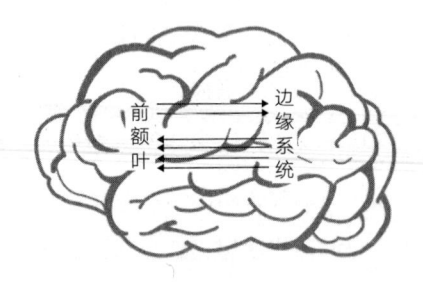

图 2-3 前额叶与边缘系统神经细胞传送状态示意图

脑科学家研究显示,从情绪脑传送至理性脑的神经细胞数量,与从理性脑传送至情绪脑的神经细胞数量不同,前者比后者的数量少。韩国有句俗语叫作"给 1 升还 1 斗","1 斗"约为 10 升,也就是说"1 斗"的容量是"1 升"的容量的 10 倍。简单来说,理性脑和情绪脑的关系就是"给 1 升还 1 斗"。

由此可见,情绪对理性的影响更大。长久以来认为理性可以支配情绪和行为的旧观念已被推翻，当情绪发挥作用时，理性很快就会失去力量。

即使你再怎么说服自己不要讨厌对方，都很难把厌恶之情转变成爱。理性脑很容易屈服于情绪脑，这也是为什么我们无法随心所欲地操控情绪。

因此，当大脑被情绪脑占据时，想让理性脑重新占上风，必须用放大镜检视情绪，这样才能让理性脑的领域慢慢扩大。

就像凑满10个"1升"就是"1斗"一样，当理性脑开始拓展时，情绪自然就会退却。要想培养理性思维，就必须经常用放大镜仔细观察自己的情绪。

理性只有200万年的发展历史，很难战胜拥有5亿年发展历史的情绪，所以你要用意识放大镜好好检视情绪，慢慢拓展理性脑的领域，才能更好地调适情绪。

记忆染上情绪的色彩

一对居住在大邱的夫妻被确诊为新型冠状病毒肺炎（简称"新冠肺炎"）。妻子一言不发地呆坐着，医护人员上前询问她是否身体不适，她说她觉得胸口很闷。医护人员判断这是新冠肺炎的症状，于是继续问她有没有感觉到呼吸困难或者胸口疼痛。"医生，不是这样的，是因为我老公昨天过世了。我们夫妻在确诊新冠肺炎后被送到不同的医院就医，但昨天我却突然收到这样的消息，听到消息后我一直觉得胸口很闷。"接着她又说，"他的尸体火化后，我就再也见不到他了，因为我还没痊愈，连葬礼我也无法参加，你知道我有多痛苦吗？"整整一周，这件事一直萦绕在我心头。

理解情绪与理解记忆是一样的。生命中的每一件事，都被染上了不同的情绪色彩。换句话说，记忆和情绪是密不可分的。要想了解记忆和情绪的关系，必须先观察人的脑部构造。（见图2-4）

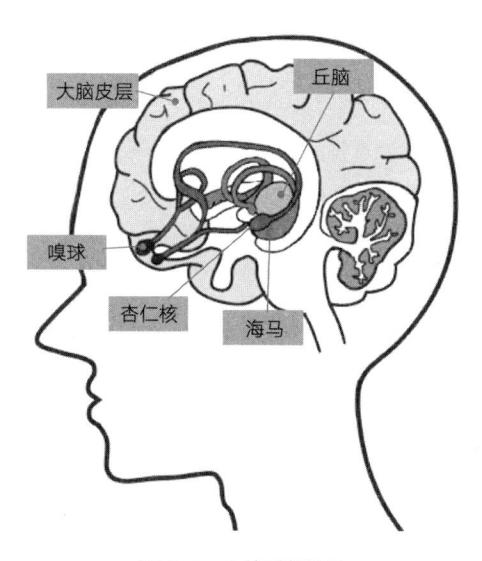

第 2 章 让父母情绪温度降低的方法

图 2-4 人的脑部构造

从图 2-4 可以看出，丘脑位于大脑的中心位置，如果把大脑当成一所学校，丘脑就是校门。无论是住在学校附近还是住在离学校很远的学生，要进教室上课都必须经过校门；外来访客也要在进校门后，才能前往行政楼或教务处。同样，要把通过眼睛、耳朵等感官接收的信息传送到大脑深处，也必须经过丘脑。孩子们进入校门后，会前往各自的教室。大脑也一样会将从外部

101

接收到的信息传送到各个区域：通过眼睛接收到的信息，被传送到处理视觉信息的区域；通过耳朵接收到的信息，被传送到处理听觉信息的区域。这些区域被称为感觉区。大脑处理信息的过程如图2-5所示。

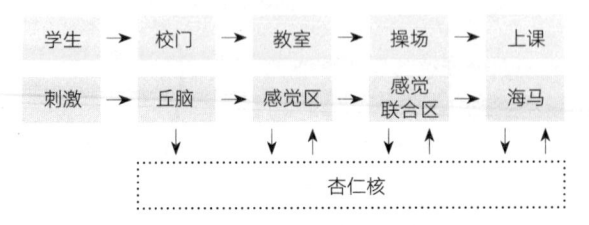

学生 → 校门 → 教室 → 操场 → 上课
刺激 → 丘脑 → 感觉区 → 感觉联合区 → 海马
杏仁核

图2-5 大脑处理信息的过程

传送到各种感觉区的所有信息会集中在"感觉联合区"。用学校来比喻，感觉联合区就是操场，因为操场上聚集了来自不同教室的学生。传送到感觉联合区的信息会再被传送到前额叶。前额叶会检视目前接收到的刺激信号，在大脑内是否已有类似的信息记录，如果没有，这项信息会再被传送到海马。

第 2 章　让父母情绪温度降低的方法

海马负责记忆，就像在学校通过上课学习提升记忆一样，大脑接收到新的信息时，也必须通过海马形成记忆。我们之所以记得昨天和朋友聊天的内容，也多亏了海马。

不过，这里有一项与情绪有关的重要线索。从图 2-5 来看，感觉区收到信息后，会与杏仁核来回输送信息。换句话说，杏仁核会在分析从感觉区接收到的刺激信息后，再做出相对应的反应并传送至感觉区。杏仁核就像探照灯一样，会仔细检视接收到的感官信息。感觉联合区与海马也一样，会在第一时间与杏仁核互相输送信息。就像你坐在咖啡厅里时，隔壁桌高中生们聊天的声音、店内播放的古典音乐、独特的咖啡香……这些感官信息都会传送到杏仁核。为什么感觉区、感觉联合区、海马与杏仁核的关系如此密切？这是为了能够掌握未知的风险和事件的重要程度。一方面，杏仁核会根据记忆的情绪强度，衡量记忆储存的强度，让我们在遭遇危险时可以尽快逃跑或发动反击。另一方面，杏仁核负责侦测威胁，在遇到任何紧急状况时，都能帮助我们安然度过。

让我们再更进一步了解杏仁核。杏仁核位于边缘系统，其形状像杏仁，是大脑内主导情绪产生的部位。因此，杏仁核受损的老鼠，可能会去咬猫的耳朵。对于人来说也一样，当一个人的杏仁核受损时，即使他看到蛇也不会害怕，甚至可能还会伸手触摸。假如人的大脑中没有杏仁核，会发生什么事？如果没有杏仁核，人就不会感到恐惧，看到车子会鲁莽地冲出去，或是从屋顶一跃而下，只是想到这些就令人毛骨悚然。用学校来比喻，杏仁核就像老师，会不断观察孩子们的状态和心情，孩子有没有写作业、身体状况是否良好等。用家庭来比喻，杏仁核就像父母，即使孩子独自玩耍时，也一刻不敢松懈，发现孩子稍有危险就会立刻冲过去。

杏仁核侦测通过眼睛、鼻子、耳朵等感官接收到的信息，不断确认是对生存构成威胁还是利于生存。当它察觉到生命受到威胁时,身体会发出警报。这就是为什么我们在高速公路上看到肆无忌惮行驶的车辆时,会心跳加速、手心冒汗。

此外,杏仁核与前额叶相互作用后,会让海马记住被认为是重要的信息。读书时,如果你反复练习,考试时就会考得比较好,这也是受到杏仁核的影响。因为你复习次数越多,杏仁核就会判断这项信息越重要,继而释放大量神经递质,帮助海马记忆。由此可见,我们所有的记忆都受到杏仁核的影响。换句话说,记忆身上套了一件名为情绪的外衣,情绪和记忆是一体的。

情绪稳定的父母养出幸福的孩子

拥抱自己的负面情绪

> 所有因为恐惧而停滞不前的经历,让我们从中获得力量、勇气与自信。
>
> ——埃莉诺·罗斯福(Eleanor Roosevelt)

好好审视内在的恐惧和愤怒,并试着安抚和拥抱这些情绪,听起来似乎有些超出常理。过去我也一直对这些不舒服的情绪感到抗拒,拼命想要克服和压抑它们。让我改变想法的契机源自一本书,书名叫《恐惧心理指南》(The Art of Fear)。作者是美国滑雪选手克里斯滕·乌尔默(Kristen Ulmer),她对恐惧提出了新的观点,强调我们应该拥抱恐惧,而不是想办法克服恐惧。仔细想想,恐惧确实是一种必要的情绪。如果没有恐惧的情绪,我们可能会毫不畏惧地爬到树上摔下来，即使车子超速也不觉得危险。

然而，我们却把恐惧、愤怒、悲伤这些不舒服的感受贴上负面情绪标签。"负面"这两个字常被解释为"不好的、不对的"，因此负面情绪被认定是不好的、不对的情绪。但或许是我们误解了这些情绪，我们一直把那些守护我们生命安全、赋予我们勇气迈向新目标的情绪，当成不好的情绪，认为必须消灭这些情绪，把这些情绪视为敌人。无论在家里还是学校，我们都是这样被教育的。就像在学校里，孩子为了一点儿小事发脾气，会被认为是个性偏差。最近越来越多的孩子罹患注意缺陷多动障碍或阵发型暴怒障碍，可能也跟这一点有关。这是因为被贴上负面标签的情绪长期遭到苛待和压抑，同时也是因为在434位情绪家庭成员中，我们特别偏爱一些情绪。一直以来，我们只喜欢正面情绪，像喜悦、感激……"正面"这两个字的意思代表"理想的或美好的"，我们以为只有像喜悦和感激这样的情绪才是好的情绪。

从现在起，我们应该改变对待负面情绪的态度。要怎么做才能拥抱负面情绪？爱情经常是因为好奇而开始，当我们开始对某个人感到好奇时，往往会越来越关注他。越关注对他的好感就越多，某一刻突然就升华为爱情，仅听到对方的声音就会雀跃不已，仅想到对方就会心跳加速。因此你不妨先从培养好奇心开始，试着慢慢了解负面情绪吧！

当负面情绪出现时，你先用意识放大镜仔细观察。慢慢地，你会对负面情绪产生兴趣，进而心生好感。然后，你可以练习向负面情绪提问，问它今天做了哪些事情。负面情绪会回答："我保护了你的生命安全，让你成为今天的你。"接着你开始与负面情绪深入交谈，为过去压抑负面情绪的行为致歉，与负面情绪和解，同时也向负面情绪表达谢意，感谢它一直守护着你，帮助你成长，并承诺之后会好好待它。这样一来，你就能拥抱负面情绪了。

当感受到愤怒的情绪时，你可以试着向情绪提问："你想告诉我什么呢？"只要稍加等待，你就能得到答案。当出现难过的情绪时，你可以问："怎么做你会感觉比较好呢？"过一阵子你就会找到答案。当出现焦虑的情绪时，可以像这样安抚它："没事的，一切都会没事的！"内心的焦虑也会跟着烟消云散。

第 2 章 让父母情绪温度降低的方法

抚平痛苦的情绪

> 写作时,放下所有的一切吧!想要如实地表达出自己内在的感受,就从简单的字句开始写起。
> ——娜塔莉·戈德堡(Natalie Goldberg)

你细细觉察那些让我们不舒服的情绪,并试着和这些情绪对话,往往就能让这些情绪平复下来。哈佛大学的吉尔·泰勒(Jill Taylor)博士曾说过,负面想法或负面情绪的自然寿命只有短短 90 秒,只要你静下心来好好观察,就跟哄小孩一样,这些情绪很快就会烟消云散。

没错,当不舒服的情绪出现时,你像拿着放大镜一样仔细观察自己的身体反应,试着好好安抚情绪,通常愤怒、忧郁、恐惧这些情绪就会像雪一样融化。不过，有时无论你怎么观察和安抚，情绪依旧无法平复。这往往是因为你遇到了棘手的问题，如和朋友闹得不愉快、被上司责备、和家人吵架等。在这样的状况下，不舒服的情绪会持续很久，负面情绪的蔓延意味着正常生活受到了巨大威胁。

此时，怎么做会比较好？你可以尝试练习写信。当你情绪激动时，不妨写封信吧！写信具有神奇的疗愈效果，同样的内容比起用言语表达，用文字表达会更贴切，因为你可以用确切的词语表达自己的想法和感受。在情绪高涨时，通过文字书写，你更能了解自己为什么会心里不舒服，是不是误会了什么，需要担心的是什么，不需要担心的是什么，等等。随着思绪越来越清晰，不舒服的情绪自然也会跟着消失。写信会强化理性脑的功能，减弱情绪脑触发情绪反应的激烈程度，让理性脑得以发挥作用。

每当情绪激动时，我也会拿起手机打开记事本开始写信。我称此为"写给负面情绪的情书"，我会和负面情绪分享我的感受，表达我对它们的感谢，或写出我想对它们说的话。少则一两行，多则三四行，偶尔也会写一封长信。例如，和朋友闹得不愉快时，我会这样写："朋友开口跟我借钱，我应该怎么做才好？""我看不惯××的行为，要继续跟他来往吗？"

你可以这样给情绪写信：

你今天又来找我啦，这么想我吗？吼——拜托你不要这么频繁来找我！你每次来找我，我都很难过、很痛苦！××的行为越来越讨人厌了，你觉得我应该怎么做才好？

接着，情绪也会像这样回信给你：

我也不想来找你，还不是因为你没事时老呼唤我，我出现时痛苦的又是你，你稍微把心胸放宽一点儿啊！你今天不是因为××做了什么才会这么不开心，而是你长久以来对他积累的不满导致你不开心，要讨厌他就讨厌吧，不过只可以讨厌一会儿哟！

对于情书，不只收到的人开心，写信的人也会很开心。同样，当我们写信给负面情绪时，负面情绪也会跟着消失。在你写信的过程中，愤怒、厌恶、难过这些情绪会转移到其他地方，到最后你只会觉得心里过意不去。你会因为讨厌而感到过意不去，因为生气而感到过意不去。当理性脑开始试着安慰情绪脑时，情绪脑会出现体谅、感恩、希望等正面情绪。当心情愉悦时，身体会产生新的能量，原本疲惫的身心也会突然变得轻松许多。

但你不能只写信给负面情绪。当你的身心疲惫时，你更需要写信给正面情绪。这样一来，希望、勇气和信任等正面情绪也会出现，你可以借此获得力量。写信给特定某一种情绪时，效果会更好。

写给勇气：
　　我今天特别需要你的帮忙。不好意思，我老是呼唤你。
　　我为了写作，从清晨就一直待在咖啡馆，但就只是呆坐着，什么也写不出来。

我该怎么办才好？我是干脆收拾东西回家算了，还是再继续坚持一下？

希望你能给我力量，让我厘清想法，好好静下心来写作。

情绪稳定的父母养出幸福的孩子

情绪也需要镇痛剂

当我们明确地表达出自己内心的痛苦时，从那一刻起，痛苦就停止了。

——巴鲁赫·斯宾诺莎（Baruch Spinoza）

当我们开始练习写信给情绪时，有趣的事情就发生了。我们会希望不舒服的情绪赶快出现，因为我们很想好好观察并与这些情绪互动，但越是这样，不舒服的情绪越不容易出现。这是为什么呢？相信你一定有过这样的经历：看完恐怖片后，脑海中一直浮现电影中惊悚的画面，躺在床上越是想忘掉，画面越是清晰；下定决心要减肥时，就连平常不大爱吃的食物，也会变得特别想吃。当我们刻意压抑某个想法时，往往会产生反效果。

第 2 章　让父母情绪温度降低的方法

同样，我们越是想压抑负面情绪，负面情绪就会变得越强烈；而当我们试着接纳负面情绪时，负面情绪反而不轻易出现了。"啊！我现在正在生气，必须要好好觉察才行。"在你开始有这样的想法后，愤怒就莫名地消失了。反之，如果你一直想："烦死了，我到底要忧郁到什么时候？"这会让你变得更忧郁。按照社会学家的说法，越禁止某些行为时，人的内心会越抗拒禁令。我们应该试着安抚情绪，用放大镜观察情绪，写信给情绪，就连不舒服的情绪，也要把它们当成家人一样接纳。要想让父母和孩子的情绪温度降低，关键在于必须从情绪的视角出发，顺应情绪的波动。

不过，就像食物再好吃，如果你不去尝试，就不可能品尝到美味一样，如果你没有亲自去体验，说再多也没有意义。在哲学家尼采的著作《查拉图斯特拉如是说》中，有这样一段话：

> 所有作品中，我只爱以自己的心血写成者。用你的心血去写吧，如此你将发现那心血便是精神。要想了解别人的心血并不是一件容易的事，

> 我厌恶那些不用心阅读的人。

诚如尼采所说,当你实际操练本书中提到的情绪调适法时,相信你必能获得言语无法形容的宝贵经验。而且经过反复练习,效果也会提升。

探索情绪、安抚情绪、写作……这些都是舒缓情绪的镇痛剂,就像身体不舒服或受伤时,你会服用镇痛剂一样。那么,镇痛剂是如何减缓疼痛的呢?不管是人类还是动物,都是通过神经感受疼痛,而神经主要是由中枢神经和周围神经组成。中枢神经系统包括脑和脊髓,周围神经系统是指由脑或脊髓发散到全身,分布呈树枝状的神经。周围神经系统在受到外部刺激时,负责将信息传送至中枢神经系统,或将中枢神经系统下达的指令传送至肌肉等各个器官和组织。两种神经系统间是通过电子信号输送信息的。例如,当指甲受伤时,周围神经会将指甲受伤的信息转换成电子信号,电子信号再通过脊髓传送到大脑。接着,大脑会立即做出判断并下达指令,通过发烧或产生痛感对身体发出警示。镇痛剂的作用,就是阻断指甲对应的周围神经

第 2 章　让父母情绪温度降低的方法

传送信息至大脑。

但大脑的状态不同，对信号的反应速度就可能不同，我们可以通过脑电波来了解大脑的活跃状态。脑电波的频率范围为 1～30 赫兹。频率越低，表示大脑处于越平静的状态，对刺激信号的反应可能也会变慢。准备迎战的士兵们的脑电波状态如何？想必他们的脑电波频率快接近 30 赫兹。当人极度兴奋或激动时，脑电波的频率会增强，和生气时大脑呈现的状态一样，处于恐惧、愤怒、焦虑等情绪时也是如此。

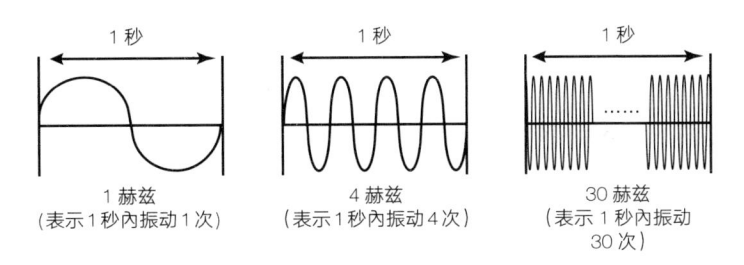

图 2-6　脑电波频率高低的比较

当我们有不舒服的情绪时，通过探索情绪、安抚情绪、写作等方式，可以改变脑电波的频率。理性脑的前额叶会试着安抚情绪脑,当情绪脑安定下来后,兴奋和激动的程度会跟着降低,脑电波的速度也会慢下来。就像我们会为了消除疼痛感服用镇痛剂一样,情绪激动时,也需要情绪镇痛剂来缓和情绪。

第 2 章　让父母情绪温度降低的方法

把情绪波动频率降至 30 赫兹以下

> 我们每天都需要拥抱 12 次，不只是身体上的拥抱，也可以用言语或眼神甚至是氛围拥抱。
> ——史蒂芬·柯维（Stephen R. Covey）

在学校暴怒失控、乱丢东西、和朋友打架的孩子，脑电波频率高达 30 赫兹。当然，大声怒吼的父母应该也是一样的。生活中难免会有让人感到自卑的时候，在遇到一些特殊状况时，我们尤其容易感到自卑。例如，"他已经买房了，我什么时候才可以买到房子？""邻居家的儿子都已经找到一份好工作了，为什么我们家的孩子还找不到工作？"当因与别人比较而感到焦虑或紧张时，脑电波的频率为 13 ～ 30 赫兹。降低情绪温度更准确的说法，其实指的就是降低脑电波的频率。

那么，脑电波的频率必须降到何种程度，情绪才会稳定？根据一些学者的说法，当脑电波维持在 8～13 赫兹之间的 α 波时，人的焦虑或愤怒等情绪会逐渐消失，心情也会恢复平静，僵硬紧绷的肌肉会变得放松，也不会因为一点儿小事而受到惊吓或感到愤怒。注意力提升，人的记忆力会变好，相对的自信心也会跟着提升。当脑电波的频率降低至 4～8 赫兹时，人会有想睡觉的感觉。

我们除了探索情绪、安抚情绪、写作之外，还有哪些方法可以降低脑电波的频率？要让脑电波进入 α 波状态，冥想是很有效的方法。我个人很推荐的冥想法是"一点凝视法"，这是我在学校为了让孩子们提升专注力，经常使用的方法。你可以在一张 A4 纸上，画一个直径 10 厘米的黑色圆，并将纸贴在黑板上；然后，让孩子们端正坐着，眼睛注视着黑色的圆。如果你能够播放大自然音乐，比如流水的声音，效果会更好。大约一分钟后，黑色的圆看起来会变大或变小，有时还会变成不同的颜色，每个人看到的圆都不同。

第 2 章　让父母情绪温度降低的方法

如果你在家里，可以试着将手臂往前伸，在离地板 10 厘米左右的地方，在心里画一个圆。眼睛凝视着圆，当脑海中出现其他想法时，你再把注意力重新拉回到圆上。类似的方法还有凝视时钟的指针，具体方法是眼睛凝视着时针或分针，分针一分钟内会稍微动一下，仔细观察分针移动的样子，也是不错的方法。令人意外的是，这么做不仅可以提升孩子的注意力，孩子们的参与度也很高。

这种方法之所以可以降低脑电波频率，是因为它暂时让大脑停止了思考。相反，厌恶、嫉妒、自卑这些混乱的想法，会加速脑电波的频率。然而，当我们越是想要停止思考，想法反而会变得更多。因此，通过专注在一件事情上，你可以让思考暂时中断。如果你听到同事伤人的话语，可以专注地看着鲜花直到不舒服的情绪消失。如果你之后不小心又想起关于同事的事情，赶快再把注意力调整到鲜花上，不舒服的情绪很快就会消失，这就是冥想。

你也可以利用其他方法降低脑电波频率。例如，当孩子情绪激动时，你可以让孩子喝一杯温开水，再尝试与孩子对话。从科学上来说，温开水可以促进血液循环并减轻压力。

孩子在心情平静下来后比较能听得进去别人说的话。同样，"牵手聊天"也是不错的方法。当你牵起孩子的双手时，孩子原本因紧张而加速的脑电波也会慢下来。有句话叫"妈妈的手是最好的医生"，这句话说得一点儿也不假。当妈妈温暖的手放在孩子冰凉的下腹部时，就能有效地缓解孩子的肠胃不适感并减轻孩子的疼痛。动物学家德斯蒙德·莫里斯（Desmond Morris）认为，人类确认彼此爱意的方式，是源自动物之间互相梳理毛发的行为。换句话说，人类会通过肢体接触，将爱的感觉传达到大脑。父母帮孩子倒一杯温水、紧握孩子的双手这些行为，正是通过肢体接触表达爱意的行为，这也能让孩子和父母的情绪温度降低。

第二部分
写给孩子的情绪温度

第 3 章

从孩子的视角看世界

情绪稳定的父母养出幸福的孩子

无力感来自孩子内心的不安

> 不要着急,不要担心,人生不过是趟短暂的旅行,别忘了停下脚步,细细品味玫瑰的芬芳。
> ——沃尔特·哈根(Walter Hagen)

我经常听到妈妈们抱怨,自己的孩子老是爱吸手指或咬指甲。这样的行为在婴幼儿时期很常见,但还是有许多小学生依然有吸手指或咬指甲的习惯。仔细观察这些孩子,你会发现,他们除了吸手指或咬指甲外,还会有其他异常行为,比如抖脚或身体剧烈地晃动等。这些孩子的脸上充满了不安,内心似乎承受着巨大的压力。

宝宝在吮吸母乳时,会觉得安心,而孩子咬指甲的行为，其实是通过模拟嘴巴吮吸的方式，安抚自己内心的不安，可以说，这是一种自我安抚的方式。就像孩子感觉到不安会吸手指一样，最近许多小学生经常做出鲁莽的行为，这背后的原因也与他们内心的不安有关。

不安，指不舒服的情绪，也就是内心感到焦虑和担忧。不安的情绪是一种防御机制，保护我们的生命安全。我们如果独自走在深山里，就会觉得害怕，光是听到沙沙的响声，就会吓得心脏怦怦跳，担心是否会有野猪出没，并小心翼翼地环顾四周，随时做好万全准备。如果野猪真的出现了，我们会立刻变得力大无穷，也会感到心跳加速、呼吸变得急促，接着逃之夭夭或奋力一搏。

遇到严重的雾霾天气时，我们会戴口罩出门；下班后，我们会去健身房报到。这是源于我们对健康的焦虑。我们买保险、储蓄、考证，也一样是因为对未来感到不安。父母送孩子去学钢琴、学英语，也是出于对孩子未来的担忧。孩子怕被父母骂，即使再累也会强迫自己写作业，克制自己不玩游戏；因害怕失去朋友，就算自己不想玩也还是和朋友一起玩，会和朋友分享好吃的东西。适度的焦虑有助于事先预防或做好准备，面对即将到来的危险。这种莫名的不安，如果再加上明确的风险因素，就会演变成恐惧情绪。最具有代表性的例子，就是全球流行的新型冠状病毒肺炎。起初，疫情刚暴发时，韩国人民没有特别恐慌。但随着死亡病例的增加，韩国也出现确诊病例后，人们内心的不安像滚雪球一样越滚越大。大家开始减少外出，但凡出门都会戴口罩，纷纷取消各种形式的聚会，破产倒闭的公司也越来越多，对病毒的恐惧像野火一样蔓延在各地。

当不安和恐惧加剧时，人会不知不觉陷入无力感之中。无力感是一种在知道自己无能为力时，感觉整个人像被掏空一样，呈现虚脱无力的状态。上课时趴在桌子上睡觉的高中生，呈现出来的状态就是无力感，可现在连小学生也开始出现这样的情况。我在电视上曾看到一只小鹿在遭遇猛兽攻击时，完全没有想要逃跑。因为小鹿深知自己再怎么挣扎也难逃一死，于是放弃了抵抗。当小鹿遇到猛兽时，内心涌现的情绪正是无力感。或许我们的社会就像猛兽，而孩子就像小鹿。

第 3 章 从孩子的视角看世界

生气是因为"想和你好好相处"

> 我们应该问问自己：我想要的是通过争吵获得利益，还是在相爱的关系中获得幸福？
>
> ——大卫·伯恩斯（David Burns）

在油菜花盛开的季节，在一位老师的建议下，我们购买了放大镜来观察花朵。孩子们拿着放大镜，四处寻找藏身在校园里的花朵。从远处看，油菜花只是普通的黄色花朵，但近距离仔细观察，你会发现它有 4 枚船状萼片和 4 枚铲状花瓣儿。花的正中间是雌蕊，周围有 6 枚雄蕊。用放大镜观察花朵，花朵会呈现出截然不同的样貌。

我们每天感受到的情绪也是一样。例如，当一个人生气时，他的脸上会露出皱眉的表情，他会气到鼻孔撑大，露出一副咬牙切齿的模样。然而，要了解愤怒的真实样貌，你必须看见表情背后的情绪本质。就像用放大镜观察花朵一样，进一步观察情绪，你才能发现愤怒的真实样貌。那么，我们究竟要如何用放大镜来观察情绪呢？假设情绪是在人类进化过程中衍生出来的基因产物，我们可以探讨在进化过程中，情绪是如何产生的，以及为什么会出现情绪。

让我们一起用放大镜，回溯到情绪的源头，好好检视愤怒的情绪吧！人类的祖先在数百万年里，都是居住在不到10人的部落里。直到1万年前，人类才开始形成超过10人的群体，进而发展出理性思维。由此可见，很长的一段时间里，人类都是过着不到10人的小规模群体生活，这种生活方式的遗传基因到现在一直存在。

人类以部落群居最大的好处是，即使在丛林里碰到猛兽，也可以合力对抗。或许在猛兽的遗传基因里，也一样记录着不要靠近人群聚集处这样的信息。适合以狩猎为生、分食猎物的族群，人数规模也约为10人。

反之，离开群体生活在某种程度上意味着死亡。一个人独自在丛林里遇到猛兽时，在没有人帮忙的情况下难以幸存。因此，人类会设法不让自己被群体疏离，也就会尽可能地强化人与人之间的连带感，借此提高生存概率。重视连带感的遗传基因，至今仍深刻影响着我们。即使是初次见面的陌生人，在聊天过程中，如果发现对方是自己的同乡，或在同一所学校毕业，我们也会不由自主地产生亲切感。直到现在，我们依旧会通过朋友、家人、地缘关系、学缘关系、团体、社群等方式建立连带感。从人类远古祖先那里流传下来的连带感，在我们的生活中可以说是无所不在。当人失去这种连带感时，就会出现愤怒情绪。

让我们重新回到建宇的故事。我走上前问气愤难耐的建宇："为什么对同学发脾气？"他回答："是他先推我的！"如果我们试着用放大镜仔细观察建宇的情绪，会发现什么呢？建宇说是同学先推他的，这句话背后更深一层的意思是，他想和那位同学当好朋友。他想和同学好好相处，却感觉自己被排挤。人一旦有这种被排挤的感受，过去生活在小规模群体的遗传基因会立刻发出警报，传递信息给大脑内的神经细胞："那家伙想把我从团体中赶出来，我有危险了！"

当人感受到生存遭到威胁时,大脑会启动愤怒的情绪。因此,愤怒的真实面貌其实是"我想和你好好相处"。夫妻间的冲突也是如此,追根究底,也是因为想要和对方好好相处,但彼此的视角不同。就像一位诗人所说:"在爱的世界里,我们的电压不同,我的电压是 100 伏,而你的电压却是 50 伏。"这种差距会让我们感到心里难受,进而衍生出愤怒情绪。

无论在家里还是学校,到处都可以看见爱生气的人。一个人会生对方的气,是因为这个人想好好和对方相处却事与愿违。当我们和想要好好相处的人,如配偶、朋友、师长的关系搞砸时,祖先遗留下来的基因会让我们觉得生命受到威胁,我们内心的焦虑和恐惧就像浪潮般席卷而来。当浪潮越来越大时,它为了保护我们的生命,会演变成愤怒的情绪,这就是愤怒的真实面貌。

恐惧是为了生存而产生的情绪

当然,"想和你好好相处"并不是放大镜下愤怒情绪的全貌。我们前面讨论的内容,大部分是探讨在家中或学校出现的愤怒情绪的性质和原

第 3 章　从孩子的视角看世界

因。如果一个人走在街上被陌生人打了一巴掌，此时产生的愤怒情绪的样貌又会与前面提到的截然不同。在这种情况下，愤怒情绪会为了保护自己、捍卫自己的领域而启动。在众多负面情绪中，不悦感最为明显。不悦感的意思是"内心不快乐或受伤的感受"，这种不悦感源自焦虑、恐惧、厌恶、愤怒、无助、羞耻感等情绪。

我们身上存在着生活在类似非洲萨瓦纳大草原环境的遗传基因，因此会对负面情绪特别敏感。对负面情绪敏感的群体，会一直担心"是否有猛兽出没？""水果是否有毒？"，且总是处于焦虑和恐惧中。也正因为如此，群体在进食或移动时会格外小心，只有这样才能提升生存概率。反之，对负面情绪迟钝的群体，可能会肆无忌惮地在丛林中行走，对野兽完全没有戒心，就算是之前没见过的水果，也会随意摘来即吃，因此难以在危机四伏的丛林里生存下去。

负面情绪就像一盏探照灯，照亮人类的生

存之路。探照灯是一种照明装置,用来照亮或帮助寻找某件事物。探照灯时时刻刻都在我们的潜意识中搜索,当它发现危险因素时,会对身体发出警报,负面情绪就是对身体发出的警报。对于我们的祖先而言,猛兽、毒物、不知名的传染病……这些都是潜在的危险因素。但对现代人而言,造成内心焦虑和恐惧的原因,包括担心健康,担心退休生活,担心无法在规定期限内完成工作,担心子女的课业和未来,担心父母的身体状况,担心水电费账单,担心空气污染,等等。负面情绪其实是一种信号,让我们可以事先预防可能会对生活造成威胁的因素,进而过上幸福的生活。

厄尼·泽林斯基(Ernie J. Zelinski)在《慢活人生》(*Don't Hurry, be Happy!*)中曾提到,我们担心的事情中,40%是绝对不会发生的,30%是已经发生的,22%是微不足道的,4%是我们无法改变的。也就是说,我们96%的担心都是白费力气。然而,我们还是会为了这96%的无谓的事情而担心，这是因为情绪探照灯在发挥作用。

恐惧大致可分为5种类型，第一种是我们害怕自己的肉体不复存在，对死亡的恐惧。因此，我们在晚上经过墓地时会感到害怕，会忌讳靠近火葬场。第二种是我们对被伤害的恐惧，害怕身体有些部位缺失，或是身体的某些功能受损。所以当有人咳嗽时，我们会下意识地想要躲开；就算是绿灯，我们也会注意是否有来往车辆。第三种是我们对失去自由的恐惧，害怕行动受限或被困住。我们去看牙医时最令人难受的是什么？那就是在治疗的过程中，我们必须静静地躺在椅子上，最好一动也不能动，这也是我们会特别害怕看牙医的原因之一。第四种是我们害怕被喜欢的人抛弃，来自对孤独的恐惧。第五种是我们对"自我贬低"的恐惧，害怕自己在别人面前丢脸。就连我也是如此，即使我已经发表过数百场演讲，每次上台前我还会手心冒汗、心跳加速，担心自己会出错。

战场上士兵们的恐惧是对死亡的恐惧，担心自己和家人会丧失宝贵的生命。事实上，恐惧是包含人类在内的所有哺乳动物最基本的情绪。恐惧是最底层的情绪，人类一旦察觉到威胁生存的事物，恐惧便会对身体发出警报。

当我们感到恐惧时，身体会分泌两种重要的激素。第一种是肾上腺素，由靠近肾脏的肾上腺分泌，会导致心脏收缩，血压升高，脉搏加快。肾上腺素会提供氧气给肌肉，让我们在受到威胁时可以立即逃跑或奋力一搏。第二种是皮质醇，它作用的时间从数小时到数十小时不等。如果把肾上腺素比喻成短跑型的激素，皮质醇就是长跑型的激素。皮质醇会分解体内的蛋白质和脂肪，从而产生新的葡萄糖。葡萄糖是身体的动力来源，身体必须有足够的葡萄糖，才能应对各种紧急状况。

恐惧是自卑感的体现

没有人能让你感到自卑,除非你同意。

——埃莉诺·罗斯福(Eleanor Roosevelt)

加拿大曾经发生过一起事件,一名在厨房的母亲听到后院传来 7 岁儿子的惨叫声。她急忙冲出去,却看见一只野生豹子咬住了儿子的手臂。母亲毫不犹豫地冲向那只豹子,赤手空拳地掰开了它的嘴巴。结果,野生豹被吓得立刻松口,悻悻然地逃离现场。这是化恐惧为勇气的最佳写照。

恐惧是人类进化过程中必要的情绪,它占据了情绪脑的中心,类似的情绪还有焦虑。恐惧和焦虑的差别在于是否"存在明确的风险因素"。举例来说,当蛇或猛兽出现在我们面前时，可能会立刻给我们造成生命威胁，因此我们会感到恐惧。而当外在的风险因素不明确时，如莫名地担心母亲的健康状况，这样的情绪就是焦虑。

恐惧会启动自主神经系统。假设我们把手伸进鱼缸，试图抓鱼缸里的鲫鱼时，受到惊吓的鲫鱼会本能地逃开。我们把手抽离鱼缸后，鲫鱼虽然不像先前那样惊慌失措，却会变得特别敏感，因为鲫鱼担心可怕的手不知道何时又会出现，害怕自己随时会被抓走。这种对未知的担忧，就是焦虑。严格来说，焦虑其实源自恐惧。

人类的力量远比不上猛兽，人类没有锐利的牙齿，动态视力也不好。为了克服内心的恐惧，人类开始聚集从而形成部落。在这个过程中，会衍生出另一种情绪，那就是自卑感。部落成员之间，难免存在能力差异，有些人擅长狩猎，有些人擅长捕鱼，还有人擅长爬树摘果，大家自然会相互比较。

自卑意为轻视自己，认为自己不如别人。当一个人陷入自卑感时，他会觉得自己一无是处，毫无存在价值，无法理性思考，认为自己不管做什么都会失败，这样的想法占据了他的全部身心。人类为了战胜恐惧过着群居生活,却因此产生了自卑感。追根究底,自卑感也一样源自恐惧。

对自卑感研究最深入的学者,当属奥地利心理学家阿尔弗雷德·阿德勒。他认为每个人与生俱来都有自卑感,这是因为人类生来就是软弱的存在。这里所说的软弱,是指我们无法单凭一己之力,独自存活在世上,必须依赖父母、师长、朋友的帮助,才能存活下来。我们是如此软弱,以至于一想到要独自生活,就会对世界上的一切心生恐惧。虽然恐惧是激发潜力的催化剂,但也会演变成自卑感。

自我合理化的自卑情结

> 思考很容易，行动很困难。但全世界最困难的事，是依据你的思考来行动。
> ——约翰·沃尔夫冈·冯·歌德（Johann Wolfgang Von Goethe）

阿德勒认为，自卑感的真面目是恐惧，自卑感主要源自童年时期的经历，但重点在于我们如何扭转自己的劣势。我对阿德勒的说法深有同感。念小学时，我的个子不高，曾被一个爱捉弄人的同学嘲笑为"矮冬瓜"。同学戏谑的口吻、鄙视的表情和动作，我至今记忆犹新。当时的我，因为不想被他嘲笑，于是拼命努力读书和运动。现在回想起来，同学的嘲笑反而是我成长的动力，这也可以算是化逆境为顺境吧！

在阿德勒的心理学中，自卑感是相当重要的一环。阿德勒认为，人类出现的偏差行为，要归咎于"自我合理化"。换句话说，自卑感并不是来自"我不够好"的想法，而是源自自我合理化。人们会不自觉地做出某些事，试图掩饰自己的不足。例如，孩子不想去学校时，会跟妈妈谎称自己身体不舒服。事实上孩子根本没有生病，只是因为他不想去学校。阿德勒指出，像这样不断地自我合理化的人，反而会加深自卑感，衍生出更多行为问题。

阿德勒在其著作《自卑与超越》(*What Life Should Mean to You*)中，介绍了这样一个案例。一名男士不喜欢参加社交活动，每次只要他太太想出门找朋友时，他就会气喘发作。表面上看起来是男士有气喘病，但实际上是因为他的妻子的社交能力比他好，让他感到自卑。他的气喘病其实是一个借口，因为妻子只要看到他气喘发作，就会放弃外出。虽然他并不是故意引发气喘，但"气喘让妻子无法外出"的附加结果，才造成了他的气喘病反复发作。

生活中也有许多这样的例子。旅客住酒店时，不小心弄坏设施，通常会出现两种反应。一种是旅客诚实告知酒店管理者，并和酒店管理者沟通赔偿问题。另一种则是旅客假装什么事也没发生，直接退房离开。他认为损害物品的费用早已包含在住宿费里，借此合理化自己的行为。纳税时也一样，有些人会故意逃税漏税，因为他们认为政府浪费纳税人的血汗钱，借此为自己的贪婪行为辩解。我们从这些例子可以看出自我合理化的可怕之处。

出现问题行为的孩子，往往会找各种理由来合理化自己的行为。曾有一名五年级的孩子，因为暴力问题从别的学校转到了我所工作的学校。这个孩子在学校制造了许多纷争，还曾经对班上的同学施暴，甚至逼同学下跪，殴打同学。在和他进行沟通时，他和其他发生类似事件的孩子的表现有很大不同。一般情况下，因为做错事被叫到老师办公室时，大部分学生会露出愧疚的表情，表示自己是因为一时冲动，才会犯下错误。但那个孩子却认为是同学有错在先，自己打人并没有错，别人做错事本来就该被打。类似的情况，也很容易发生在父母身上。父母定下严厉的规范，如果孩子违反规范，就会过度处罚孩子。

心理学家称，自我合理化是由认知失调造成的。当一个人同时拥有两种相反的信念、想法和价值观时，倘若两者相互抵触，内心会出现不舒服的感受，这种感受就是害怕。举例来说，假如一个人认为喝酒有害健康，当他喝完一瓶酒后，因为想法和行为冲突，他会对自己的行为感到后悔，心里也会感到过意不去。为了让自己的心里好过一点儿，他必须消除这种不舒服的感受，也就是认知失调的矛盾感。或许他会下定决心"从此滴酒不沾"，或许他会用"适量饮酒有益身体健康"的信念来合理化自己的行为。体罚孩子的父母也是如此，他们会用孩子犯错才会被体罚的借口，来消除自己内心不舒服的感受。

把自我合理化说得更简单一点，就是一种介于谎言和妄想之间的概念。说谎的人知道自己说的话不是真的，知道自己做的事情是不对的，也知道如果被其他人发现，自己会陷入麻烦。妄想的人则是完全掉进了错误的幻想中，相信不存在的事物，误以为它是真的，或是抱着不合逻辑的荒诞想法。这两种现象都是自我合理化的特征，虽然他们知道自己说的不是真的，却不知道自己这样是在欺骗别人。前面提到的那个五年级的孩子，虽然他自己也知道打人是不对的，却掉进自己是在伸张正义的妄想中。

情绪稳定的父母养出幸福的孩子

自卑情结导致问题行为

> 低自尊感就像是边踩刹车边踩油门。
> ——麦斯威尔·马尔茨（Maxwell Maltz）

自我合理化与说谎或辩解不同。孩子有时会对父母或老师说谎或辩解，这是因为他怕被贴上坏小孩的标签，所以会通过说谎或辩解来欺骗父母或老师。然而，自我合理化却是自我欺骗。倘若说谎或辩解的目的是说服别人，自我合理化的目的则是为了说服自己。当孩子试图用谎言说服父母时，他通常知道自己在说谎。反之，如果孩子是用谎言说服自己，不断合理化自己的行为，他就根本无法意识到自己的错误，因为错误的信念早已在他心里根深蒂固。

第 3 章　从孩子的视角看世界

每到周末，我会和热爱打网球的球友组队进行双打比赛。双打时对手实力相当，打起来才好玩，因此通常是老手和新手组队。不过，在打球时，有些老手特别喜欢对新手队友进行指导，不断对新手队友提出建议，像打球时要屈膝，身体要放松等。虽然乍听上去言之有理，但这会让人听了不舒服。因为只要比赛输了，老手就会责怪新手队友；比赛赢了，老手也总把功劳揽在自己身上。像这样的老手，很可能是因为他们的内心极度自卑，而他们感到自卑的原因，或许是因为工作、财产、低自尊感……为了消除内心的自卑感，他们输球时会抱怨，这是新手队友害的。因为在某种程度上，抱怨可以消除他们心中的不舒服。

阿德勒将打网球时出现的抱怨行为，解释为"优越感"。每个人与生俱来都有自卑感，但很多时候我们会由此获得优越感，让自己获得心理上的补偿。自卑感会以各种方式呈现，人们由此得到的补偿或思考方式也不同。如果人们消除自卑感的方法是健康的，那倒无妨；反之则会伤害自己，也会伤害身边的人。

来看看克服自卑感的正面案例吧！我的一位好友是韩国

著名传统料理专家，他会利用当季食材研究新的菜品。提到春天，我们通常会想到用艾草做的年糕或汤，但他开发出完全不同的料理，用艾草做成拌面或拉面。听说他出生时身体特别虚弱，吃东西很容易消化不良，他却通过研究料理，克服了身体虚弱带来的自卑感。

阿德勒指出，用不健康的方法消除自卑感的状况，可分为两种模式，如图3-1所示。第一种模式是自卑情结。这类人会过度地贬低或苛责自己。这是通过折磨自己，来缓解内心的自卑感。这些人在内心深处认为自己是不值得被爱的，低自尊感十分强烈，无法忍受别人比自己厉害。比起加害者，他们更喜欢当受害者，经常会出现药物滥用、饮食失调、自残、自杀等行为。

第二种模式是优越情结。过度自卑的人倾向于寻求优越感作为补偿，因而产生优越情结。自卑情结是人通过苛责自己来补偿自卑心理，优越情结则是人通过苛责别人来补偿自卑心理，利用不断欺负弱小、指责别人，来让自己获得心理上的补偿。大部分在学校发生的问题行为，如抱怨、愤怒、排挤、霸凌等，都是自卑感在作祟。

第 3 章　从孩子的视角看世界

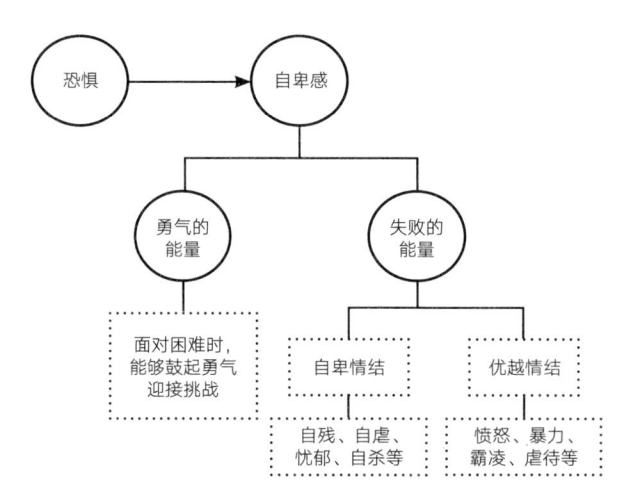

```
         恐惧 ──→ 自卑感
                    │
          ┌─────────┴─────────┐
       勇气的              失败的
       能量                能量
         │                  │
         │            ┌─────┴─────┐
   面对困难时，      自卑情结      优越情结
   能够鼓起勇气
   迎接挑战         自残、自虐、   愤怒、暴力、
                    忧郁、自杀等   霸凌、虐待等
```

图 3-1　消除自卑感的模式

　　A 明知道打人是不对的，却把错误归咎于他人身上。"是哲洙先瞪我的""是美静先打我的"……我们无法得知对方是否真的瞪 A 或打 A，但毕竟 A 自己也动手打人，A 的心里很不舒服，为了合理化自己的行为，于是 A 替自己找了借口。然而，有些人像这样不断地自我合理化，相信自己一旦心里有不舒服的感觉都是对方造成的，会导致什么后果？自然是不管发生任何事情，这些人都会怪罪别人，甚至会发脾气，和对方拳脚相向。这种心态和行为会变成一种恶性循环，衍生出易怒、暴力、自残等现象。

147

像这样建立在恐惧之上的自卑感，有些人会将它转化为勇气的能量，然后勇敢面对；但有些人却会因此产生自卑情结或优越情结，将它转化为失败的能量。

看待世界的探照灯——自我概念

> 给孩子最好的礼物,就是让孩子明白,他们所拥有的一切是如此珍贵。
>
> ——非洲格言

当我们陷入自卑感时,是选择鼓起勇气面对还是颓靡不振,取决于我们用什么样的滤镜去看这件事,也就是说用什么样的视角看待世界。套用阿德勒的话,这些滤镜就是我们的"生活形态"。

决定生活形态最重要的因素是自我概念,自我概念是一个人对自我的看法,针对"我是谁?""我的能力如何?""我现在处于什么样的位置?"等问题,能够找出自己的答案。

因此，自我概念并不只是对于自我能力的评估，同时也包含了个性、态度、感觉等。

自我概念可以说是我们用来看待世界的探照灯。当我们戴上正面滤镜时，不管看什么，我们都会感到幸福；当我们戴上负面滤镜时，不管看什么，我们都会觉得不快乐。孩子大概在满5岁时，就确定了未来会戴着什么样的滤镜看待世界。

那么，什么样的孩子会戴着负面滤镜呢？

第一种是身体有缺陷的孩子。大部分孩子一出生都是健康的，但也有少部分孩子一出生就患有先天疾病，或是小时候因为交通事故等意外事件，造成身体上的缺陷。若没有父母、老师、朋友的帮助，这些孩子会变得如何？他们自然会戴上负面滤镜看待世界，变得悲观消极。假如海伦·凯勒没有遇见安妮·沙利文老师，会发生什么事？可以确定的是，结局可能跟我们所知道的有很大不同。

第二种是被父母宠坏的孩子。当父母过度溺爱孩子时，孩子会过度自我膨胀，以为自己想要什么就有什么。这样的孩子在学校往往也认为自己是主角，觉得朋友和老师应该喜欢自己才对。然而，世界并不是围绕着他们转。为了引起注意，他们会故意向老师打小报告，但老师反而要他们学会包容。渐渐地，孩子会觉得自己像是被世界遗弃了。

第三种是被忽视和虐待的孩子。在我们生活的周遭，这类案例层出不穷。由于父母离异、双薪家庭等因素，越来越多的孩子被疏于照顾。我曾和一位四年级的女孩进行沟通，她告诉我她都是一个人吃晚餐，因为父母下班回来都已经是三更半夜，她只有在睡觉时间才看得到他们。身处缺乏与父母肢体接触的环境下的孩子，感受不到父母的爱，当他们内在的爱匮乏时，容易形成以冷眼看待世界的自我概念。因此，他们不相信朋友和老师，内心充满怀疑。这样的怀疑会导致恶性循环，让孩子变得更加孤立无援。

前面我曾提到，我们的内心住着许多情绪家庭成员，看待世界的角度会受内在核心情绪影响，这就是所谓的"自我"滤镜。我们戴着什么样的滤镜看待世界，决定了我们看到的世界是正面事物居多，还是负面事物居多。

情绪的不同样貌

我有一位小学同学,他总是戴着感恩的滤镜看待每一件事。他很少看别人身上的缺点,而是会像蜜蜂穿梭在花间找寻花蜜一样,到处寻找生活中值得感恩的事。每次看到他,我都觉得"最美的风景是人"这句话说得一点儿也没错。

我很好奇是什么让他可以戴着感恩的滤镜看待一切,我发现答案是"贡献"。他在社会福利院当了二十多年的志愿者,在那里帮忙打扫和洗碗,也会帮行动不便的长者洗澡,陪他们聊天。从事志愿服务的点点滴滴,似乎是他总能怀抱着一颗感恩的心,看待每一件事的主因。

让我们更深入地探讨记忆与情绪的关系吧!2012年播出过一部长达20集的韩剧《脑学医神》(*Brain*),这部剧描述了对成功野心勃

第 3 章 从孩子的视角看世界

勃的神经外科医生,遇见真正的人生导师后,进而踏上医者仁心之路的故事。剧中脑神经外科教授问学生们"心在哪里?",学生们回答"在心脏。"教授却告诉他们:"人的心就是大脑,大脑是一个人的本身。"

就像脑神经外科教授所说的,大脑决定了"我"是谁,随着脑科学的发展,这俨然已是无法否认的事实。耶鲁大学医学院教授保罗·麦克里恩(Paul MacLean)提出的论述,正好支持了这种说法。根据他提出的"人脑的三位一体理论"(Triune Brain Theory)可知,人类的大脑是由三个不同的区域组成,每个区域在人类进化过程中的不同时期发展,因此可将大脑划分为三层。

第一层是"原始脑"。生存脑掌管呼吸、体温控制、心跳等功能,从脑的架构来看,相当于脑干。脑干是大脑内最古老的部分,由脑干发出的神经,经脊髓连接至身体各处。乌龟从蛋里孵化出来后，就能在海里抓小鱼吃，这是为什么？麦克里恩的解释是，在乌龟的脑干中，早已具备生存所需的必要机制。

第二层被称为"哺乳脑"，因为这里和哺乳动物的大脑很像，位于第一层上方，也就是脑干上方。从演化过程来看，哺乳动物是在爬行动物出现之后才出现的。那么，爬行动物和哺乳动物最大的区别是什么？答案是对子女的爱。爬行动物如果没有食物，甚至会吃掉自己的孩子，但哺乳动物不会。爬行动物一出生就会自己找食物吃，可以独自生存；但哺乳动物在出生后的一段时间内，需要由妈妈照顾。就像小狗妈妈一样，生完孩子后，会变得特别敏感，为了保护自己的孩子，也会吼主人，本能地会保护自己的孩子免遭危险。哺乳动物的这类行为，究竟是由大脑的哪一部分负责执行的，是脑科学家长久以来的研究课题。经过长时间的研究，脑科学家发现，这是受到了大脑中负责掌管情绪的边缘系统的影响。边缘系统主要由海马、杏仁核、丘脑、下丘

第3章 从孩子的视角看世界

脑等构成，以老鼠作为实验对象，可以发现切除老鼠的边缘系统后，老鼠便不会再照顾自己的宝宝。当老鼠大脑中的杏仁核被切除后，它即使看到猫咪也不会感到恐惧。

第三层是"新脑"，位于大脑第二层的正上方。根据麦克里恩教授的说法，该区域接收来自视觉、听觉、嗅觉和触觉等感官的信息，发出运动指令，负责掌管抽象思维、语言和想象力，以及调适情绪和控制冲动。

由于"人脑的三位一体"理论系统化地介绍了大脑，因此被广泛运用在许多书籍和演讲中。然而，它也是一项备受争议的理论。因为，原本应该只有哺乳动物才有的海马，却在鸟类的大脑中也被发现；爬行动物不具有杏仁核的说法，也被推翻了。

继续回到韩剧《脑学医神》的话题，剧中有一幕是女主角想着心爱的人时进行功能性磁共振成像检查的场景。可以发现,她的大脑杏仁核周围的边缘系统开始活化,医生看到后认为这表示她坠入了爱河,但脑神经外科教授却说:"每个人体现爱的方式不同,脑部活化的区域也会因人而异。"究竟谁的说法才是对的?

医生看到边缘系统的活化现象,便得出结论,认为这是恋爱的证据,是基于不同的情绪是由大脑特定区域掌管的前提。就像家里会分成客厅、主卧、厨房、客房一样,大脑也为每一种情绪安排了各自的"房间",当某个房间的灯亮了,就能分辨出是哪种情绪出现了。例如,这个房间亮灯就代表爱,另一个房间亮灯就代表恐惧,搞清楚这些我们就可以从脑部特定区域的活化现象,判断出现的是哪一种情绪。这是早期脑科学家的主观想法,因为他们发现杏仁核受损的老鼠不怕猫咪,于是将此视为恐惧情绪消失的证据。因此,早期的研究者越来越相信杏仁核是大脑内负责掌管情绪的区域,并试着以人类作为实验对象。

第3章 从孩子的视角看世界

不过，研究者很难像进行老鼠或猴子实验那样，可以正巧碰到人类的左右脑杏仁核均受损的情况。然而，1990年，研究者找到刚好只有杏仁核受损的唯一个案。她是一名25岁的女性，患有类脂蛋白沉积症。这是一种会摧毁杏仁核细胞的罕见疾病，她在10岁那年罹患这种疾病。医生在对她进行脑部检查时，发现她的大脑没有杏仁核，但她在认知功能方面或情绪上并无特别障碍。

这个案例推翻了情绪是由杏仁核掌管的说法，研究情绪的脑科学家解释说，情绪并不仅仅是由杏仁核掌管，而是由以杏仁核为中心的下丘脑、海马等构成的边缘系统，以及与前额叶相关的脑部区域共同掌管。不过，研究结果也发现，杏仁核和焦虑、恐惧等与生存相关的情绪的关系特别密切。此外，每个人处理情绪的脑部区域，也可能稍有不同。例如，爱会活化某些人的边缘系统，但对有些人则不会，每个人情绪的样貌都不同。或许正如脑神经外科教授所说："每个人爱的方式不同，脑部活化的区域也会因人而异。"

情绪稳定的父母养出幸福的孩子

像滚雪球般积累的负面情绪

人必自重，而后人重之。
——《孟子·离娄上》

相信大家都听过"滚雪球效应"吧？它比喻积少成多，不管是良性还是恶性循环，经过不断地积累，会造成与一开始截然不同的结果。就像在山丘上滚小雪球一样，一开始雪球很小，随着时间的推移，雪球会越滚越大。

刚上小学的孩子们，就像山丘上的小雪球，戴着自我概念的滤镜。大部分孩子一开始都是戴着正面滤镜，一小部分则是戴着负面滤镜。但令人难过的是，戴着负面滤镜的孩子变得越来越多。

第 3 章 从孩子的视角看世界

基本上，戴着正面滤镜的孩子，会形成良性循环。由于和朋友、师长的关系良好，勇气的雪球随着孩子的年级升高越滚越大。这样的孩子通常很喜欢上学，和朋友相处融洽，遇到任何困难，都能轻易克服。反之，戴着负面滤镜的孩子经常和朋友发生冲突，不管老师怎么劝导，也毫无改善。朋友和老师也会慢慢疏远他，不想跟这样的孩子相处。有些父母在孩子念完一年级后，会以转学作为要挟，要求自己的孩子转班。在孩子念完二年级后，这些孩子内心的"伤痕"雪球越滚越大。随着年龄增长，偏差行为也日益严重。在孩子升上三年级后，就连孩子的父母也开始察觉到问题的严重性。虽然他们会心疼孩子，但是无法停止对孩子的斥责和批评。在这样的恶性循环下，"挫折"这种雪球在孩子内心越滚越大，雪球越大，其滚动的速度越难控制，最后可能会撞上大树或石头而粉碎。大部分孩子这样的状况会在小学三年级出现，早的会在幼儿园时期出现，晚的则在高中时期出现。

正如阿德勒所说，当孩子内心的"挫折"雪球越滚越大时，会造成自卑情结或优越情结的产生，这两种情结都会导致校园问题行为。以下是发生在学校的几起真实案例。

对每件事情都提不起精神的孩子

我们班有一个孩子，从外表上我看不出任何异样，但他不想参与各种班级活动，就只静静地待着。即使我用尽各种方法规劝，孩子也只是假装参与。他甚至连午餐也不吃，即使给他勺子，他也只是假装吃几口。在这种情况下，他习惯用手摸嘴唇，对每件事都提不起精神。和孩子的母亲进行沟通时，我才知道在他小时候，这名母亲就罹患脑瘤，因此孩子被迫与母亲长时间分离。似乎是因为这样，才导致孩子变得消极。

经常暴怒的孩子（1）

我曾经教过一个男孩，他一生气就会威胁同学和老师，然后冲出教室跑回家。他经常沉迷于游戏。他最大的问题在于，他的情绪起伏很大，即使他原本很听老师的话，但一生气就会变得极具攻击性，而且动不动就发脾气，让人不知该如何应对。

他只要一生气，就会把教室搞得天翻地覆，到处乱扔东西。虽然他也跟自己的父母谈过，但依旧找不到合适的解决方法。

经常暴怒的孩子（2）

有个五年级的男孩，总是穿着黑色衣服，戴着黑色帽子。无论是上课或用餐时间，他都会戴着帽子，不管别人如何劝说，都坚持不摘帽子。他对学习和学校活动也丝毫不感兴趣。他最大的问题在于一生气就无法控制自己。老师稍微说他几句，他就会握紧拳头，咬牙切齿（甚至能听到他牙齿咯咯作响），狠狠地瞪着老师。当朋友挖苦他或做出令他反感的行为时，他的反应也是如此。

陷入挫折感的孩子

有个孩子的妈妈很讨厌孩子。或许是因为这样，孩子在课堂上总是心不在焉，有时会望着窗外发呆，老是忘东忘西，和朋友也处不来，自尊感低，看似一副生无可恋的样子。虽然他做过咨询治疗，我也和他妈妈谈过，情况依旧没有好转。

嫉妒心强烈的孩子

有个女孩嫉妒心很强，她只跟漂亮、聪明的孩子交朋友，经常刻意冷落和排挤其他孩子。只要不顺心，她就会以哭闹的方式威胁周围的人。她的妈妈也知道她的情况，说她从小就是这样，却找不到解决方法。为了让班级恢复平静，我打算好好理解孩子的内心，并让她积极地做出改变。

爱说谎的孩子

有个孩子很会看人脸色，而且爱说谎。如果有人突然叫他的名字，他会被吓到。即使是一点儿小事，他也会退缩，经常把"对不起"挂在嘴边，把自己当成罪人。虽然他在大人面前表现得很听话，却会欺负比自己弱小的孩子。或许是因为压力太大，他长得特别娇小。他总是不写作业，而且忘记带该带的东西。明明规定要写的作业，他却经常骗老师说自己忘了。我和他的父母沟通后才知道，他的父母是在 20 岁时意外生下了他。爸爸工作不稳定，常常喝酒闹事。妈妈对他很严格，往往把自己应该做的事情交给他。他每天都要负责照顾两个弟弟，还要煮饭给弟弟吃。

因忧郁导致问题行为的孩子

有个五年级的女孩，对同学的言语或行为过度敏感，经常觉得很受伤。她说同学老是喜欢折磨她。我曾经和她进行过几次沟通，但听她说完后，我发现问题并没有她说的那么严重。有一天中午吃饭时，她突然号啕大哭起来，我走上前问她发生了什么事，她却笑着对我说："没什么事。"这让我感觉很荒唐。类似这样的事情一再发生，不知道这孩子到底是怎么了。

每个人都有自卑感，上述案例中的孩子都是在不断地自我合理化自卑感，导致自卑感像滚雪球一样越滚越大。当一个人戴上自卑情结的滤镜时,他会认为自己一无是处,没有特长,不够勇敢,也不受朋友欢迎,觉得自己很可悲。他只会看到自己的缺点,看不到自己的优点,找不到活着的意义。当一个人戴上优越情结的滤镜时,他会觉得全世界都是坏人,明明自己没做错事情,大家却不喜欢自己。他认为自己的痛苦是朋友和家人造成的,对那些伤害自己的人充满怨念和厌恶。

第 3 章 从孩子的视角看世界

唯有降低情绪温度，才能开始学习

> 言教不如身教，想让孩子成为什么样的人，我们必须先成为什么样的人。
>
> ——约瑟夫·奇尔顿·皮尔斯
> （Joseph Chilton Pearce）

教室里稀稀拉拉地坐着 22 个孩子，气氛一片沉寂，听不见快乐的嬉闹声，也看不见灿烂的笑容。我打开门走进教室，热情地向孩子们打招呼，他们的反应却很冷淡，表情看起来就像结束上午的工作后，刚吃完午餐正在休息的上班族。即使我努力说笑话逗他们开心，他们依旧一脸"拜托，您饶了我吧！"的神情。或许你已经猜到了，这是六年级孩子在课堂上的常见表现。

我和这些孩子谈论关于未来的梦想，为了听到孩子们真实的答案，我准备了问卷，并且采用不记名方式进行。在记名的情况下，六年级的孩子往往会给出父母和老师想听的答案。有时他们明明没有梦想，却会在父母面前说自己有梦想。因为他们知道如果据实以告，父母可能会担心他们，也可能会训斥他们一顿。

问卷调查结果显示，有梦想的孩子只有 7 个，其他 15 个孩子都说自己没有梦想，没梦想的孩子的占比接近 70%。我问这些孩子在一二年级时，是否曾有过梦想？他们都表示自己在低年级时曾有过梦想。不过，同样的问题我在问二年级的孩子时，孩子们会争先恐后地谈论自己的梦想。大部分的孩子发表的都是他们自己的梦想，而不是父母的期待。为什么孩子在一二年级时曾经有过的梦想会消失？来听听孩子们是怎么说的吧！

- 我发现自己梦想的职业的工作内容好像很辛苦。
- 遭到父母训斥："你拿什么跟人家比啊？"
- 不知道自己擅长什么。
- 爸妈不支持我的梦想。

- 没有专长。
- 觉得很累,没兴趣。
- 谁说一定要有梦想,只要过得开心就好。
- 因为功课不好,觉得自己应该无法实现梦想。
- 太过遥不可及。
- 光读书就够累了,懒得去想其他事情。

和六年级的孩子聊完后,我踏着沉重的脚步回到办公室。我心里一直挂念着这些孩子,他们的眼神仿佛诉说着:"拜托,让我稍微喘口气吧!"我突然觉得他们就像是马拉松比赛中的领跑员,领跑员是负责在前方带领同队选手跑步的人,会和选手们保持一定的距离,提升队友的速度,但最后很容易因为太累而垫底,或是中途放弃。看着这些六年级的孩子,我突然有一种感觉,或许是因为他们一直以来太过卖力奔跑,导致精疲力尽,很容易就打了退堂鼓。

父母在教学观摩日当天看到的,可能并不是孩子的真实表现。孩子在父母面前表现出来的样子,和实际情况有很大的差别。事实上,父母在教学观摩日看到的孩子的样子,是孩子一整年中表现最好的样子。才六年级的孩子就已经呈现精疲力尽的颓态，这些孩子在未来又会如何呢？为什么孩子的动力会被消耗殆尽？我们先来看看那 7 个回答有梦想的孩子吧！有些孩子为了实现自己的梦想，会认真经营自己的博客，有些孩子则会不断阅读与梦想相关的书籍。他们往往对学习充满热情，是所有父母心目中理想子女的样子。不过，仔细观察这些孩子，你可以发现他们的父母的共同点，那就是情绪温度都不高。这些孩子的父母总是面带微笑，平易近人，对孩子也很包容，即使生气也会坚守原则。看起来他们对孩子没有太多要求，对老师也是谦虚恭敬、彬彬有礼，并且会尽可能地给孩子自主权，让孩子自己做决定。事实上，大家都知道这就是父母该有的样子，亲子教养书籍或养育类培训课中提到的理想父母也正是如此。然而，实际上我在学校很难看见这样的父母。

诚如前面所说，父母的情绪稳定，孩子的大脑会不断地模仿父母稳定的情绪，因此孩子的情绪也可能会比较稳定，也会像父母一样谦虚有礼。当然，偶尔也会有"歹竹出好笋"的例子。我曾经认识一个人，他只要一喝酒就会对家人拳脚相向，但他家里的孩子却个个优秀。我问孩子们，为什么他们在那样的环境下长大，还能如此优秀？他们回答："因为不想过爸爸那样的生活,所以拼命用功读书。"或许可以说酒鬼爸爸是孩子们认真向学的动机,但他们和爸爸的关系又如何呢?

那么,要怎样才能重新填满孩子们消耗殆尽的燃料?我也会担心自己没有资质当好父母,但只要有心愿意重新开始了解孩子,即使是不优秀的父母,也能教育出优秀的孩子。

第 4 章

让孩子情绪温度降低的方法

情绪稳定的父母养出幸福的孩子

用低沉、温柔的声音说话吧

> 好话不在多说,有理不在高声。
> ——《增广贤文·下集》

如果想要孩子专注学习,必须让孩子的情绪温度降低。而让孩子情绪温度降低的关键,在于和孩子关系最紧密的父母,用什么样的声音和孩子说话。是温柔的低音还是尖锐的高音?结果显示,倘若父母用温柔的低音和孩子说话,孩子的情绪通常会比较稳定。

孩子在听到父母的声音时,和父母相同的大脑区域会接收到同样的刺激。为了清楚掌握父母说话的意图,孩子和父母相同的大脑区域开始活化。换句话说,为了理解父母的语意，孩子大脑内的镜像神经元会开始运作，模拟和父母同样的状况。

但还有一个变量，那就是大脑遗传基因。根据遗传基因记录，大脑接收到温柔的低音时，表示我是安全的；听到尖锐的高音时，表示生命正受到威胁。这是源于生活在非洲萨瓦纳大草原的人类流传下来的对声音的记忆。因为对于那时的人类而言，只有在遇到野兽或遭遇不测时，才会听到尖锐的高音。这就是当我们听到电影里的尖叫声，或隔壁邻居夫妻吵架时，仍会感到紧张和心跳加速的缘故。

如果父母说话的声音太过尖锐刺耳，孩子们的反应会如何？即使父母说话时并没有特别的情绪夹杂在内，孩子也会开始焦虑。孩子当然知道父母并不是在责备自己，却会不自觉地变得情绪激动，情绪温度上升。当情绪温度上升时，不安感占据了他的大脑，自然也不记得父母说过的话。接着，他就会听到父母对他的怒吼："你到底有没有在听我讲话？"亲子关系因此陷入恶性循环。反之，当父母看着孩子的眼睛，用温柔的低音和孩子说话时，孩子的大脑会进入平静状态。这是因为温柔的低音，不会让孩子有生命受到威胁的紧张感，就像听到鸟叫声、风声时，人的内心会感到平静一样。当父母说话温柔时，孩子的情绪温度会降低，情绪温度降低后，理性脑会启动，孩子才能听进去父母说的话。

在学校里，有些老师和孩子的关系特别融洽。这些老师有一个共同点，那就是说话柔和。他们会看着孩子的眼睛，用温柔的声音和孩子说话。经过一学期后，班上的孩子也慢慢地和老师一样温柔。反之，有些老师说话声音特别刺耳，就连在校长室也听得到。通常这些老师所带的班级的孩子会特别吵闹，即使是上课刚学的东西，老师问了，孩子也答不出来，这是因为孩子的大脑被焦虑占据，完全没有思考的机会。

但声音是天生的，有办法让声音变得低沉、温柔吗？我以前教书时，习惯把自己上课的声音录下来，下班回家后再重听一遍。我原本是为了让上课的内容更丰富才会录音，但在听录音的过程中，我发现自己的声音比想象中更刺耳。从那之后，我会特别注意在说话时放慢速度，让说话声音更柔和一些。经过一段时间，我再重新录音，说话的音调明显改善许多。父母和孩子说话时，不妨试着用手机录下自己的声音。或者，也可以录下和另一半聊天的声音。在听完录音后，再持续练习用温柔的声音说话，我相信声音肯定会有所改善。低沉、温柔的声音，有助于让孩子的情绪温度降低。

情绪稳定的父母养出幸福的孩子

情绪的频率引发共鸣

> 如果孩子感受不到家是温暖的所在,那是父母的错,表示做父母的存在不足。
>
> ——华盛顿·欧文(Washington Irving)

我坐在咖啡厅里,偶尔会听到邻桌的谈话内容。妈妈们经常聊的话题,排名第一的还是关于子女教育的。有一次,我碰巧听到两位妈妈正在聊天。其中一位妈妈问对方:"你今天陪儿子做了什么?"对方回答:"我陪他一起吃饭,还帮他按摩。"

从她们的对话可知,她们的孩子应该是高中生,平日住校,只有周末才会回家。那位妈妈说,每到周末,她会让儿子躺在床上，帮儿子踩背按摩，舒缓紧绷的肌肉。她还说，其实自己从儿子上幼儿园开始，就经常用手帮儿子按摩，因为儿子从小身体虚弱，但现在儿子长大了，她用手按摩很吃力，所以才会改用踩背的方式。

听完这段对话后，我的脑海中突然浮现"共振"这两个字。妈妈帮比爸爸个子还要高的儿子踩背按摩，替他舒缓紧绷的肌肉，这份心意想必会让儿子的内心产生共振吧？儿子肩上沉重的课业压力，也只有在这一刻才能稍稍减轻。

共鸣是共振的近义词。任何物体都有自己固定的"振动次数"，也称为频率。所谓的共鸣，是指当频率相近的物体靠近时，振动变得更加强烈的现象，最经典的例子就是音叉实验：将两支相同频率的音叉靠近，当我们用木槌敲击其中一支音叉，另一支音叉也会发出声音。这是因为两者频率相同，音叉的振动通过空气传播，让另一支音叉也产生振动。相反，当两支音叉的频率不同时，就无法产生共鸣。

人与人相处，有时也会产生共鸣。对于有些人，即使你认识他很久，与他相处起来还是很不自在；对于有些人，虽然你和他是初次见面，却有种莫名的亲近感。每个人都有自己的频率，和频率相近的人相处，会感到轻松自在。当你看到某些文章或画作时，内心会深受触动，这也是因为共鸣。孩子也是一样，他和某些孩子特别投缘，和某些孩子却很疏离。我常见到许多在一年级的时候不适应校园生活的孩子，在升到二年级后却如鱼得水，也可能是因为这些孩子和班主任频率合拍。

虽然无法改变物体固有的频率，但人与人相处的频率是可以调整的。为了孩子的成长，我们也必须调整自己的频率，让它与孩子的频率保持一致。当父母和孩子、老师和孩子的频率相符，彼此间就会形成一条无形的爱的纽带。

父母如果想和孩子的频率保持一致并产生共鸣，应该怎么做？从动物的行为就能找到线索，动物经常会通过身体上的接触引发共鸣。例如，小狗会通过舔主人的手背或嘴巴的周围来撒娇。如果小狗摇着尾巴欢迎你，即使身体再累，你也会带小狗出去散步，这就表示你和小狗的内心产生了共鸣。与人类最接近的灵长类动物大猩猩，它们会两三只结伴聚在一起，彼此间相互梳理毛发。大猩猩互相帮对方清理毛发上的脏污或拍掉灰尘的这种肢体接触，也是一种共鸣的表现。在梳理毛发的过程中它们之间会建立信任感，这份信任感会让它们的关系更紧密，不再互相争斗。

人也跟动物一样，通过肢体接触调整频率时，也会产生共鸣。当然，人跟动物不同的是，通过言语沟通也能引发共鸣。父母管教子女的方式，大致上可分为两种类型。第一种父母会紧握孩子的双手，看着孩子的眼睛，训斥孩子的行为。当握着孩子的双手时，父母自然能感受到孩子的情绪，这样一来就能运用在亲子研习会中学到的方法，以温柔的声音对孩子说"可以先把作业写完再去玩吗？"，从而避免用言语伤害孩子。第二种类型的父母，在斥责孩子时不会握着孩子的手，因为他们已经被孩子的行为激怒，处于极度愤怒的状态，所以会不自觉地提高音量对孩子怒吼："你的作业到底写完了没？"他们严厉地训斥孩子，但这么做不仅会破坏亲子关系，而且孩子的行为并不会有所改变。

当父母握着孩子的手时，原本紧张的孩子会慢慢放松。父母也一样，即使被孩子的行为激怒，当握着孩子的手时，他们的心情也会变得比较平静，这是因为身体受到了催产素的影响。催产素又被称为"爱情荷尔蒙",牵手、拥抱、掏耳、按摩等都会触发催产素的分泌。当孩子的身体大量分泌催产素时,孩子会比较听得进父母说的话。父母的话就像音叉,会让孩子的情绪产生共振,共振的力量就是爱。爱会让人感到幸福温暖,在疲惫时得到抚慰,可以让人重新打起精神。所以,经常和孩子牵手、多抱抱孩子。这么做能帮助孩子稳定情绪。

第 4 章　让孩子情绪温度降低的方法

家常便饭就能让孩子手舞足蹈

　　人生成功的一部分秘诀是吃下爱吃的东西，然后让食物在肚子里斗争到底。

　　　　　　　　　　——马克·吐温（Mark Twain）

　　每到夏天，我总会想起小时候全家人聚在一起，在院子里铺着草席，共进晚餐的情景。这份珍贵的回忆，至今仍令我感到温暖。院子里，草席上，抬头就能看见星星和月亮，仿佛沐浴在星光和月光下，和家人共度晚餐时光。家人在月光下的谈笑风生，成了背景音乐，星光成了舞台。偶尔，一阵调皮的微风吹熄了驱蚊薰香，逗得大家开怀大笑。

　　妈妈经常煮红豆粥给我们当点心吃。我在旁边假装要帮忙，帮到一半觉得太累就跑走了。我永远也忘不了，妈妈对我露出微笑的样子。因为煮粥很辛苦，妈妈的额头上沁出了一颗颗豆大的汗珠，眼神却流露出满满的爱。我关于小时候的记忆都很模糊，但唯独这个画面至今仍印象深刻。直到现在，每当身体不舒服时，我总会特别想念妈妈的手艺，似乎只要吃一碗妈妈煮的红豆粥，我就会立刻充满活力。有时候，在路上经过卖红豆粥的地方，我也会忍不住走进店里点一碗来吃，吃完顿时感到心满意足。

等孩子们长大成人后，他们或许也会像我这样，回忆起儿时的滋味！父母为我们烹煮食物的味道是情感与记忆的融合。结合情感信息的记忆，深刻地烙印在我们的脑海里，可能会在生命中的某一刻突然被唤起。回想起母亲的手艺，总会让我疲惫的脚步找回继续前进的动力，鼓励我不要放弃。

脑科学领域一直在研究身体与情绪之间的关系。研究人员指出，人在用餐前后听到唠叨的情绪反应不同。即使要唠叨，也最好等对方吃完饭再说。因为吃完饭后，身体会产生饱足感，有助于放松情绪，就算对方做出令人反感的行为，

第 4 章　让孩子情绪温度降低的方法

我们也比较能理解和包容。反之，处于极度饥饿的状态下听别人唠叨，我们的情绪反应会比平时更激烈。

关于身体对情绪的影响，有一项有趣的实验。美国国家科学院曾针对负责审查假释案的法官做出的判决结果进行调查。法官每天都必须处理假释申请，平均只有 35% 的假释案通过审核。但从法官的判决结果来看，可以发现一件有趣的事情。法官用完餐后，假释案通过审核的比例会提升 65%。反之，在用餐前两小时，假释案获得批准的比例开始逐渐下降，在午餐前一刻甚至会降为 0。

这是为什么呢？美国著名脑科学家安东尼奥·达马西奥（Antonio Damasio）在其著作《寻找斯宾诺莎》[①]中详细阐述了身体与情绪之间的相互关系。他以树形图的方式，说明身体对情绪的影响。以苹果树为例，如图 4-1 所示苹果树的根部为了保护自己会产生免疫反应，自动清除有害物质。

---

① 安东尼奥·达马西奥的著作《寻找斯宾诺莎》（*Looking for Spinoza*）是继《笛卡尔的错误》之后的又一部心理学经典之作。作为世界公认的神经科学研究权威，达马西奥在本书中揭秘了情绪的本质。本书简体字版由湛庐引进、中国纺织出版社出版。——编者注

当根部接收到外部刺激时，会启动基本反射活动，同时也发挥吸收养分和调节代谢的功能。而苹果树的树干部分所对应的情绪就是愉快或痛苦。愉快或痛苦会衍生出各种情绪，这些情绪会被存储在人的大脑里。人们感受到的情绪是树枝或果实。当过程令人满意时，人会感到愉快；当过程不如预期时，人会感到痛苦。

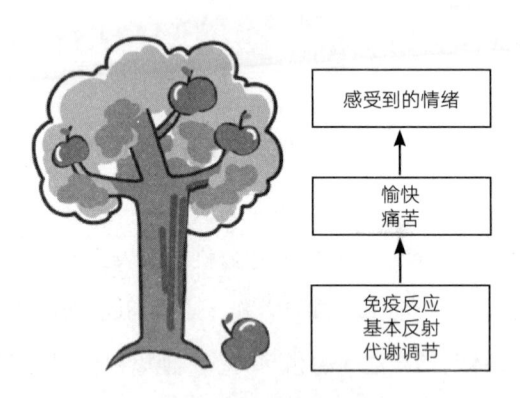

图 4-1 达马西奥的情绪哲学

根据达马西奥的情绪哲学，我们可以看出身体状态对假释判决的影响。越接近中午用餐时间，大脑和身体的能量越匮乏。当体内缺乏维持生命能量来源的碳水化合物、脂肪和蛋白质时，身体会产生不舒服的感觉。虽然我们很想吃东西，却不能如愿，因此对于此时所接收到的刺激（假释判决），会产生负面情绪，假释被驳回的概率也就会明显提高。

现在饿着肚子去上学的孩子越来越多。有时在校门口，我也会看到边走边吃、嘴角沾满饼干屑来上学的孩子。有些父母来不及帮孩子准备早餐，会给孩子零用钱，让孩子自己买饼干或面包吃。孩子的身体需要能量，如果早餐摄入能量不足，他们会觉得浑身不舒服，以致稍有不顺心，就会跟别人吵架。想让孩子身心平稳地度过每一天，父母精心替孩子准备的早餐，也能发挥很大的作用。

少说"去读书",多说"没关系"

> 教育子女的重点不在于帮他们拓展知识,也并不在于要他们功成名就,而是帮助他们提高自尊感。
>
> ——列夫·托尔斯泰(Lev Nikolayevich Tolstoy)

父母用温柔的声音和孩子说话,配合孩子调整自己的频率,用心为孩子准备餐点,仅是这么做就能让孩子的情绪温度降低。此外,父母还可以进一步运用"沟通加减法",也就是多说鼓励孩子的话,少说伤害孩子的话。我曾做过一项调查,让孩子们在白纸上写下最想听到父母说的话,以及最不想听到的话,建议他们想到什么就写什么,不要花太多时间思考,这样才能更贴近自己内心的真实想法。以下是孩子希望父母对他们说的话,让我们一起看看各年级的孩子写出来的话有何不同吧。

【低年级】

- 我们出去玩吧!
- 你长大后一定会成为了不起的人!
- 我爱你!
- 妈妈永远支持你!
- 我们家宝贝最可爱了!
- 宝贝,妈妈回来喽!

- 谢谢你,我爱你!
- 你整理得很干净,作业也写得很棒!
- 你吃饭吃得很棒呢!
- 我们去儿童乐园玩吧!
- 今天稍微放松一下吧!

【中年级】

- 你今天过得好吗?
- 去玩吧!
- 哇,你做得很棒哟!
- 天啊!我们的宝贝女儿居然已经长这么大了!

- 谢谢你!
- 没关系的!
- 你想买什么呢?
- 你很棒哟!
- 我爱你!

【高年级】

- 辛苦你了!
- 你已经做得很棒了!
- 功课不重要,身体健康最要紧。
- 今天就尽情地玩吧!
- 我相信你可以的!
- 没关系!
- 我爱你!
- 谢谢你来到我的生命中,做我的女儿。
- 谢谢你!

接着,我让孩子们写下最讨厌听到的父母说的话,不同年级的孩子写出来的话又会有什么不同呢。

【低年级】

- 妈妈都看到了,休想骗我。
- 快点儿去读书。
- 还不快点儿写作业?
- 你给我出去!
- 不要只顾着玩,要认真读书!
- 赶快把房间整理好!
- 爸爸和妈妈离婚好吗?
- 你有没有在听我说话?

第 4 章　让孩子情绪温度降低的方法

【中年级】

- 快去念书!
- 你到底有没有搞清楚状况?
- 不要吵了!
- 做错事还敢哭?
- 不想做就不要做!
- 回你的房间去!
- 不要欺负弟弟!
- 你的作业怎么写得这么糟糕?
- 快点儿写作业!
- 别再吃了!
- 学习用点儿心!
- 不要一直坐着不动!

【高年级】

- 你好歹也读点儿书吧!
- 你跟你爸一副德行!
- 我对你很失望!
- 你怎么这么不听话?
- 不想做就给我出去!
- 你可以在学习上多用点儿功吗?
- 不想做就不要做!
- 你可以认真点儿吗?
- 去读书!

孩子们通常最希望听到父母对他们说"没关系""辛苦了",最不想听到父母叫他们"去读书"。父母尽量多说鼓励、赞美孩子的话,少说批评、斥责孩子的话,孩子的情绪温度自然会降低。你又是如何和自己的孩子说话的呢?

第 4 章　让孩子情绪温度降低的方法

让孩子自己选择吧

授人以鱼，不如授人以渔。

——《淮南子·说林训》

我们父母那一代人，摆脱贫穷唯一的方法就是读书。也就是说，他们那一代人认为读书是为了生存，只有读书才能出人头地，因此他们拼命读书。然而，现在跟以前不同，孩子们通过网络等平台，能看到许多不靠读书也能出人头地的案例。父母不断唠叨，让孩子好好读书，这只会让孩子感到空虚、烦躁。

不过，对小学低年级的孩子来说，父母的唠叨还是有一定效果的。因为这个年纪的孩子很爱父母，他们会尽可能地迎合父母的期待。但亲子关系，最重要的不是父母说什么，而是孩子愿意接受什么。父母教育孩子的关键是孩子听得进去，而非强迫他们听话照做。

我从事教职工作三十多年来，一直在观察孩子的成长，发现身心发展健全的孩子有一个共同点：拥有"自主选择权"。深知培养孩子自主选择的重要性的父母，从孩子上小学后就会让他们自己挑选衣服、书包等用品，也不会强迫孩子上补习班。但这些父母也会提前和孩子讲清楚原则：为自己的选择负责。例如，补习班的课程上到一半不想去了，如果没有充分的理由，绝不允许中途放弃。人的决定会被情绪左右。换句话说，我们会根据当下的心情，做出不同的决定。然而，让孩子自己做选择，也能提升孩子的自主性和责任感，这是为什么呢？

当我们尊重孩子的选择时，孩子的感受会如何？答案可以从过去 600 万年中的群居生活的人类祖先那里找到。对于长久以来居住在由数十人组成的小部落的人类祖先来说，生存最重要的是连带感。大家必须团结在一起，才能抵挡邻近部落的攻击，才能对抗猛兽。要想维持这份连带感，需要依赖的就是彼此间的尊重。唯有互相尊重，团队合作才能继续，反之团队就会解散。因此，我们渴望获得父母和他人的尊重。

让孩子自主选择，能够提升孩子的自主性和责任感，也让孩子有被父母尊重的感觉。德国社会学家艾里希·弗洛姆（Erich Fromm）在其著作《爱的艺术》（The Art of Love）中提到，爱是"持续的关心和尊重"，而大部分人都不知道如何爱。或许这也是给现代父母的建议，我们虽然关心孩子，但这真的是尊重吗？父母的爱有时甚至会让孩子感到疲惫，导致他们的情绪温度升高。

以小学四年级学生敏健的故事为例。敏健刚满周岁没多久就看了《海底总动员》（Finding Nemo）这部电影，据说他很专心地从头看到了尾。这部电影主要描述了鱼爸爸为了寻找被人类抓走的儿子，在汪洋大海中冒险的故事。敏健看完电影后，开始喜欢上鱼。甚至在牙牙学语时，先学会的发音是"鱼鱼"，而不是"妈妈"。看到敏健对鱼儿如此情有独钟，他的母亲很担心，为此还曾向专家咨询，也拼命钻研亲子教养书籍。最后，敏健的妈妈决定尊重孩子的决定，也就是让敏健选择他热爱的事情。在那之后,敏健会存钱购买与鱼相关的物品,妈妈也会帮他添购相关书籍。敏健用一点一点存下来的钱买了鱼和鱼缸。听说他最近为了买一条售价4 000元的鱼,正在积极努力存钱中。他还经营着一个名叫"我爱鱼鱼"的社群。据他的班主任说,敏健不仅对有关鱼的知识了如指掌,在班上人缘也很好,上课听讲也很专心。我相信敏健长大后一定会成为海洋生物领域的专家,也会发现更多大自然的秘密。

第 4 章　让孩子情绪温度降低的方法

给孩子一片空地休息

闲暇时间是无可取代的财富。

——苏格拉底（Socrates）

你在市区散步时，偶尔会看见一片空地。如果你留心观察，会发现悄然盛开的野花。不知道是谁捎来了野花的种子，是风吗？还是麻雀？满天星、蒲公英、宝盖草、荠菜、牵牛花、三叶草等，从早春到晚秋，遍地盛开的野花美不胜收。

孩子也有属于自己的一片"空地"，那就是课间休息时间和能够尽情玩耍的时间。这些时间里的孩子就像野花一样，展现出了课堂上看不见的蓬勃生命力。就算被同学不小心撞倒,他们也会马上拍拍屁股,自己站起来。高年级的孩子踢足球时不小心绊倒低年级的孩子后会感到抱歉,不知所措。原本在课堂讨论中参与度低、无精打采的孩子,也会像重新活过来一样。

孩子的思考和判断能力是在课堂上培养的,感受能力则是在休息时间培养的。如果说理性是靠大脑控制的,那么感性就是用身体去感受的。孩子和朋友手牵手时,手心感受到的是温暖;踢足球时,脚感受到的是在乎;学跳绳时,双颊感受到的是挑战;因射门成功而欢呼击掌时,双手感受到的是雀跃。正如野花在市区的空地上生长,孩子的感受能力也在休息时间这片"空地"上滋长。

野花想要绽放,不仅需要土壤,还需要水分、阳光等条件。孩子也一样,要培养他们的思考和判断能力,也需要适当的条件,而情绪正是条件之一。

前不久,我拜读了一位德国儿科医生的著作《精疲力竭的孩子》(*Burnout-Kids*)。书中提到,陷入忧郁、无力、疲惫的孩子的数量呈逐渐增加的趋势。这些孩子想要克服压力，却为此感到身心俱疲。据说，在德国，约 25% 的孩子出现了这样的症状。那么在韩国呢？虽然没有具体的统计数据，但韩国的课业压力排名世界第一，可想而知，这样的孩子占比不会太低。现在的孩子脾气变得暴躁，其中的一个原因就是可以提供给这些精疲力竭的孩子的"空地"越来越少了。

当然，野花即使生在缝隙也能生长，就像在街道墙脚冒出的黄色蒲公英，娇小到令人心疼。它们可能会被经过的路人踩扁。孩子也一样，对孩子来说，如果只能在时间的夹缝中偷空喘息，最先的不良后果是他们幸福感的减少。开心、挑战、在乎、感恩……这些感受就像墙脚的蒲公英一样岌岌可危，取而代之的是不安、抱怨、厌恶、愤怒等。

情绪就像砌砖一样会被层层堆叠，这是情绪的特征之一。关心和感谢等正面感受，堆叠起来后会像石墙一样坚硬；愤怒、恐惧、厌恶等负面感受，堆叠起来后会像混凝土一样坚不可摧，也不容易在孩子心里散去。小学时期就已经精疲力竭的孩子，内心往往已经积累了许多负面感受。即使他们现在看起来没事，后续也会渐渐心力交瘁。

孩子休息的时间越来越少，属于孩子的"空地"变成了墙脚的缝隙。孩子学习的时间虽然变多，但他似乎并没有把心思放在学习上，学跟没学差不多，这是孩子们内心真实的想法。无论在学校还是家里，老师或父母都应该多给孩子一些休息时间。

很多父母误以为全家出游，带孩子去电影院或美术馆，就是给孩子充分的休息时间，其实对孩子来说，这不是休息时间。和爸爸一起在操场踢球，或是牵着妈妈的手在小区散步，聊聊好友话题才是真正的休息时间。多陪孩子玩，和孩子一起开怀大笑，即使孩子偶尔没去补习班也不要责骂孩子，这些才是父母为孩子们打造休息空地的方法。

第 4 章　让孩子情绪温度降低的方法

情绪也是一种习惯

我们先养成习惯，之后习惯成就我们。

——约翰·德莱顿（John Dryden）

调适情绪的方法有短期处方和长期处方。到目前为止，我们提到的方法其实都是短期处方，即可以在短时间内有效调适厌恶、愤怒等不适情绪的方法。短期处方对于暂时处理情绪非常有效，但人们在一段时间后又会恢复原本的状态。就像让爱生气的孩子，花两三分钟练习"一点凝视法"，孩子的心情会变得平静，坦诚面对自己的错误，并下定决心不再犯同样的错。但不到一小时，孩子却又故态复萌。其实不只是孩子，就连大人也是如此。

那么，调适情绪的长期处方是什么？要了解这个方法，我们必须先明白"习惯"的道理，因为情绪其实是一种习惯。

我们在生活中会无意识地重复某些行为，刷牙从右边下牙开始，穿衣服先穿上衣再穿裤子等，即使大脑的海马萎缩，罹患失智症，这些习惯也不会改变。根据脑科学家的研究，情绪也是如此。昨天会为了某些事发脾气的人，今天遇到同样的状况也一样会发脾气。

这一切都归因于"习惯回路"——我们的大脑会记忆重复的行为，然后形成回路。举例来说，假设一个人每次生气时，都会跑去酒吧喝酒，只要重复3周，这个行为就会形成固定的行为模式，超过3个月就会变成习惯。即使原本不爱喝酒的人，只要每周有2～3次在同样的时间喝酒，不断重复一段时间后，就养成喝酒的习惯。

负责建立习惯回路的是大脑的基底神经节，基底神经节是围绕在情绪脑周遭的神经核构造。简单来说，它位于情绪脑和理性脑中间。当进行意识活动时，理性脑的前额叶和情绪脑的基底神经节及中脑会同时运作。然而，一旦习惯回路建立后，理性脑的前额叶活动就会降低，情绪脑的中脑也会释放堪称"快乐激素"的多巴胺。

孩子不小心被同学撞了一下肩膀，他就怒气冲冲地和对方吵起来，这是因为当孩子被同学撞到肩膀时，他的大脑就开始搜寻过去类似的经验，这些经验储存在大脑的记忆库里。类似的经验一一浮现在孩子的脑海里，然后最相似的情况被锁定。接着大脑会下达指令，做出和当时同样的反应。

孩子的愤怒是基于过去经验的重复行为。我们的大脑不会判断对错，只知道重复的行为有利于生存，采取新的行为则不利于生存。因为遗传基因会通过习惯回路，告诉我们新的行为会对生存造成威胁，重复的行为才能确保安全。

有些孩子即使被同学撞到，也能一笑了之，是因为在这些孩子的记忆库中，也储存着"被朋友撞到时一笑置之"的记忆。因此，孩子要降低自己的情绪温度，根本解决之道是建立新的习惯回路，让大脑不选择生气，选择以幽默化解。当然，在此之前，孩子的大脑记忆库中必须有类似的经验，这样在被同学撞倒时，才能选择一笑置之，这正是建立新的情绪习惯回路的方法。

第 4 章　让孩子情绪温度降低的方法

情绪就像学骑脚踏车

成功源于每天坚持不懈的努力。

——约翰·沃尔夫冈·冯·歌德（Johann Wolfgang Von Goethe）

从大脑的角度来看，发脾气的行为与认识苹果的过程是一样的。假设我们面前放了一个红色圆形物品，此时大脑会从记忆库中搜寻与眼前形状相似的物品，接着大脑会告诉我们这是"苹果"。但如果大脑在记忆库中搜寻不到"苹果"这项信息，会发生什么事？大脑会将它视为新的信息储存在记忆库中。情绪也一样，假如你不小心被同学撞到，大脑在记忆库中搜寻时，出现的结果如果是一笑置之，你自然会笑着对朋友说没关系。情绪的长期处方就是让原本只会出现生气反应的大脑记忆库，在遇到类似的事情时也能选择一笑置之。

大脑的记忆分为两种类型。第一种是"陈述性记忆"，比如记得社区里哪间餐厅是开了很久的老店，今天和谁一起吃午餐。第二种是"程序性记忆"，像学溜冰或骑脚踏车，是通过反复练习身体动作形成的记忆。学溜冰时不断跌倒再爬起来的过程，并不是靠头脑记忆，而是靠身体记忆，一旦学会，即使过了10年也不会忘记。

那么，父母告诉孩子不要那么暴躁，这是属于哪一种记忆？答案是陈述性记忆。假如父母问孩子"我有没有跟你说过不要这样？"，孩子回答"有"之后，即使父母继续追问孩子"那你为什么还要这样？"，孩子也只是低头不语。孩子之所以怎么学都学不会，是因为情绪不是陈述性记忆，而是程序性记忆，孩子必须建立新的习惯，形成新的程序性记忆后，才能学会控制自己的情绪。

程序性记忆的重点在于反复练习，就像学溜冰或骑脚踏

第 4 章　让孩子情绪温度降低的方法

车一样，情绪也需要不断练习。听起来有点抽象，有一种简单有效的练习方法，那就是想象。这在运动心理学中有个专业术语，叫"意象训练法"（Image training），但在学校我称它为"没关系训练法"。我会播放节奏缓慢的古典音乐或冥想音乐，请孩子们闭上眼睛，跟着念以下的句子，让他们试着想象画面。当念到微笑这两个字时，请孩子们也跟着露出微笑。

- 想象自己在走廊上被同学推了一把，我面带微笑地对朋友说："没关系。"
- 同学把我书桌上的东西推倒在地，我面带微笑地对朋友说："没关系。"
- 在操场上不小心被同学撞到，我面带微笑地对朋友说："没关系。"

第一阶段的关键在于反复练习。就像必须经历无数次跌倒再爬起来的过程，才能学会溜冰一样。父母要告诉孩子，控制情绪也需要不断地练习。

第二阶段是"角色扮演"。可以采取 2 人一组的方式，其中一人扮演推人的同学，另一人练习面带微笑地说"没关系"。每天练习 5 分钟，持续 30 天后，大脑会逐渐形成程序性记忆，暴躁的情绪自然也会变得温和。这是因为大脑内建立了新的习惯回路，遇到事情时，人就比较不容易生气。此外，我们也可以练习对自己说没关系。

我们学校有一本"感恩手册"，让孩子练习在一天内找到 3 件值得感恩的事情，并把它记录下来。感恩的对象不是固定的，可以是人、物品或大自然，但内容必须具体明确。例如：不能只写"谢谢妈妈做饭给我吃"，而要写"感谢妈妈今天早上做辣炒年糕给我吃"。比起只写"感谢盛开的波斯菊"，不如写下"感谢盛开的波斯菊绽放得如此美丽"。让孩子养成每天写感恩手册的习惯，最终感恩将变成一种程序性记忆。

阅读是情绪的瑰宝

没有什么烦恼，是 1 小时的阅读解决不了的。

——孟德斯鸠（Montesquieu）

爱看书的孩子和不爱看书的孩子，最大的差别是什么呢？大部分人都认为差别在于语言能力，因为爱看书的孩子，经常接触大量的词语和句子，遣词造句的能力比较强，在考试时对题意的理解能力也比较高，容易取得好成绩。反之，不爱看书的孩子，对教科书的内容或题意的理解力较差，考试往往容易失利。

然而，更大的差别在于，爱看书的孩子通常情绪比较温和，不爱看书的孩子情绪比较容易激动。

爱看书的孩子之所以会有这样的表现，主要跟记忆有关。诚如前面提到的，记忆与情绪息息相关，我们所有的记忆都会受到情绪影响。阅读行为，就是将作者的想法和感受储存在记忆库中。

假设今天我们读了一本书，主题与感谢父母或感谢大自然有关，感恩的想法也会一一储存在记忆库中。一再重复后，感恩的观念就会深植于我们的脑海里。

更神奇的是，当记忆库储存了越来越多感恩的想法时，批评和抱怨的念头也会慢慢减少。举个例子，你看过油菜花田吗？走近仔细观察油菜花田，你会看到一些不知名的野花和油菜花相伴而生，有时还会看到青蛙和蚂蚁的足迹。

然而当我们从远处看时，满眼只有油菜花，看不见其他东西。记忆库也一样，当大脑的记忆库中充满感谢的想法时，你就不太会看到抱怨的想法，最后抱怨的想法甚至会慢慢消失。

从书中学习别人的生活经验，是阅读的一大益处。我们通过阅读能间接感受到他人的喜悦和痛苦。

在阅读《13 岁孩子遇到校园暴力该怎么办？》时，我可以体会到孩子们感受到的伤痛；阅读《金妍儿 7 分钟的梦剧场》时，我可以窥见他人努力的心路历程；阅读童话故事时，我可以从主角身上学习孝顺、礼貌、感恩等行为。在积累这些阅读经验后，大脑的结构也会跟着改变。这就是脑科学家所说的"神经可塑性"，重复性的经验能改变大脑的结构。

大脑的结构改变，意味着大脑的记忆库形态改变。也就是说，在爱看书的人的大脑记忆库中，与别人共鸣的情绪区域会变大；批评或抱怨的情绪区域则会变小。

当共鸣的情绪区域变大后，人的心胸也会变得宽广。以爱看书出名的比尔·盖茨曾说过："我今日的成就，离不开家乡的一个小图书馆。阅读的习惯比哈佛文凭更重要。"

情绪就像储存在大脑里的葡萄

我们所有的记忆都会染上情绪。我们想起逝去的父母，会伤心落泪；想起孩子出生的那天，心里会涌现出满满的幸福感。那么，记忆是以何种形态储存在大脑里呢？

随着近代脑科学的蓬勃发展，关于大脑如何存取记忆的研究成果也如雨后春笋般出现。加州大学伯克利分校的神经科学家教授杰克·格兰特（Jack Gallant）从 2005 年开始，运用功能性磁共振成像技术测量人们的想法在大脑中的活动情况，并于 2015 年在《自然》杂志公开发表了他所绘制的大脑的"语义图谱"。

他让实验对象反复聆听与数学有关的词句，如"数学好难""数学教科书"等。如果实验对象听到"数学"这个关键词时，其大脑的特定位置出现强烈的活动信号，就表示该处储存了"数学"这个词。通过这种方式，他找出了大脑储存日常生活用语的位置。

第 4 章 让孩子情绪温度降低的方法

不过，每个人大脑储存词汇的位置不尽相同。例如，数学这个词可能储存在哲洙的大脑前方，但同样的词汇却储存在永熙的大脑侧面。格兰特发现，虽然每个人的大脑内储存词汇的位置不同，但储存方式却是相同的。

图 4-2 展示了大脑储存词汇的方式。我们可以看到每个点代表了大脑储存不同词汇的具体位置。我们可以发现在"人"这个词附近，可以找到"动物""消费者""生物"等词汇。这代表大脑可能是靠联想的方式来记忆的。

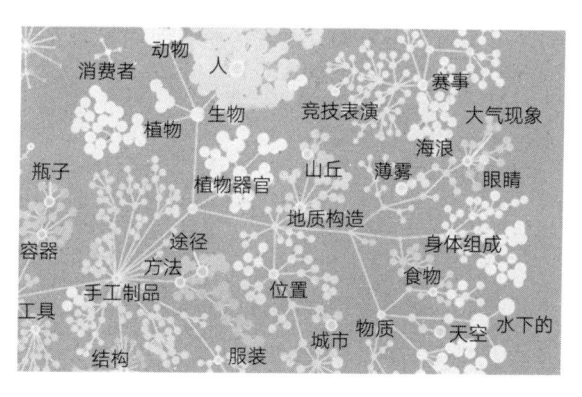

图 4-2　大脑储存词汇的方式

实验结果还显示,在大脑中储存"植物"这个词的位置附近,围绕着"玫瑰""木莲""野百合""发芽""树林"等与植物相关的词汇。而以"生物"这个词为中心,分布着"植物""人""动物"等相关词串。

大脑记忆词汇的方式,是以某个概念为核心,像葡萄一样将相关概念串联在一起的。而情绪也是以这种方式串联的。例如,悲伤的情绪会与过去遭遇失败的经验、不幸的事件、与好友绝交、催泪歌曲、家人过世等令人难过的事情相互连动;开心的情绪会与孩子出生、受人称赞、遇到心爱的对象、收到好友送的生日礼物等令人开心的事情相互连动。

每个人都有情绪,有喜悦、成就感、幸福、感恩等正面情绪,也有愤怒、痛苦、悲伤、憎恨、羞耻、厌恶、委屈等负面情绪。但就像悬挂在葡萄树上的每一串葡萄的果实数量不同一样,每个人的各种情绪树上结的果实数量也不尽相

第 4 章 让孩子情绪温度降低的方法

同。有些人愤怒的情绪果实多得数以百计,感恩的情绪果实却少之又少。反之,有些人悲伤、愤怒、厌恶的情绪树上几乎看不见果实,但感恩、成就感的情绪树上却结出了丰硕的果实。从情绪树上结出的果实,我们大概就能看出一个人的生命历程。不同的情绪果实,造就不同的性格与人生。

信任让情绪温度降低

> 被人信任，是比被人喜爱还要更大的赞许。
> ——乔治·麦克唐纳（George MacDonald）

我曾经在任职的学校里，处理过一桩校园霸凌事件。起因是4个六年级的孩子，觉得五年级的学妹很没礼貌，太过自以为是，想给她一点儿教训。

这些霸凌别人的孩子，从升到五年级开始，就被称为"问题学生"。同学们都对她们畏惧三分，就连老师也对她们很头痛。我要求这些霸凌别人的孩子必须在每周五的课间休息时间到校监室报到。

到了周五课间休息时间，孩子们依约到校监处报到。我准备了一些热饮和点心请她们吃，她们看到后纷纷露出惊讶的眼神。等她们吃饱喝足后，我问她们："以后的每周五的课间休息时间，我都会准备点心和饮料，你们愿意每周都来找我吗？"孩子们欣然允诺后，便回到教室去。

一周后，孩子们再次依约前来。比起上周五，孩子们显得开朗许多，也不排斥和我聊天。孩子们听我聊小学往事，像爬到柿子树上摔下来，在溪边玩一整天，一放学就扔下书包只顾着玩等童年趣事。

那天过后，我和孩子们变成了朋友。不管多忙，我每周五都会空出时间陪她们聊天。如果刚好遇到那周五我要出差，我就会另外找一天和她们见面。就这样，我渐渐地和孩子们培养出了感情。她们甚至还会偷偷告诉我，其他孩子发生的事或秘密。可以说托她们的福，在那一整年里，我们学校再也没发生任何校园霸凌事件。

和这些孩子相处一年来，我开始深入探讨孩子的内心世界。以前担任班主任时，忙着照顾班里的孩子，我根本没时间想这些事。当我近距离接触孩子后,才看见孩子内心的孤单。他们从补习班下课后回到家,只有黑漆漆的客厅等着他,开灯后独自吃着晚餐。就算有兄弟姐妹,但因为补习班下课时间不同,孩子回到家后也总是自己一个人。如果孩子玩游戏或看电视,晚归的父母一到家,就会劈头盖脸地问孩子:"作业写完了没?还没写完吗?"

现代社会中,大多数家庭都是双薪家庭,离婚率居高不下,最孤独的人不是父母,而是孩子。当孩子感到孤独时,会变得怎样?孩子会变得对任何事情都提不起精神,不想理老师,不想写作业,不想读书,也不想去补习班。孩子会为了排解寂寞结交朋友,就算是品行不端的人,只要他能理解孩子的心情,他们就能成为朋友。

父母高举着学业至上的旗帜,剥夺了孩子们的快乐和幸福。回到家的孩子,没有人陪他们聊天,也没有地方可以玩。少了草地、溪边和空旷的操场,生活在孤单环境里的孩子,变得越来越孤僻。父母想要让孩子们的情绪温度降低,必须化解孩子们内心的孤独。要化解孩子们内心的孤独,最好的方法就是听他们说话。倘若父母能够好好听孩子说话,那是最好的解决问题的方式。哪怕只有一个人,愿意好好听孩子说话,相信孩子也不会变成所谓的"坏孩子"。父母们不如为孩子们递上一杯热饮,露出温暖的微笑,静下心来好好听他们说话吧!

情绪稳定的父母养出幸福的孩子

父母的情绪会影响孩子的情绪

> 与其批评孩子,不如给孩子做个榜样。
> ——约瑟夫·儒贝尔(Joseph Joubert)

我过去担任班主任时,经常到学生家里做家访。通过家访,我不仅能深入了解孩子,也能从家长身上获得宝贵的智慧。

我在家访中遇到的父母大致可分为两种类型。第一种是聆听型父母,比起侃侃而谈的父母,这种类型的父母大多数的时间都是在听老师说话。他们会事先准备笔记本,一字不漏地记下老师说的话,却不会问太多问题。但他们只要一发问,问题的内容往往会很尖锐和具体。这种类型的父母总是

第4章 让孩子情绪温度降低的方法

会对我说:"我们家孩子很喜欢老师!"

第二种是谈话型父母。这种类型的父母更喜欢讲述自己的教育理念。他们的教育目的很明确,他们大部分时间都在谈论自己是怎么教孩子的。从他们的言谈中,我大概可以猜想到孩子表现出色和不足的地方。然而,假如这类父母奉行"不乖就要打"的打骂教育,则会影响孩子的身心发展。

我当时任职的学校校长主张:"不了解孩子的家庭状况,就无法好好教育孩子。"你在学校看到的孩子,就像从远处看到的森林一样不真实,你必须深入孩子的家庭,更进一步去了解孩子。除孩子与父母、兄弟姐妹的关系会影响孩子成长,父母之间的关系也会影响孩子成长,可能会让孩子受伤,也可能会带给孩子希望。此外,了解父母和孩子各自的想法也很重要,事实上你要了解一个孩子,需要许多信息。

我曾遇到过一名家长,他至今仍令我印象深刻。他是一家建设公司的老板。一进玄关,我就看见客厅中间摆放了一张圆形坐垫。孩子的父母请我坐在垫子上,突然跪地向我行大礼，就像蜜月旅行回来的新婚夫妻，向父母行跪安礼那样。接着，孩子也跟着父母一起向我行礼。

当时的我二十多岁，孩子的父亲四十岁左右。等孩子进房后，孩子的父亲刻意压低声音对我说："老师，我这么做是为了做榜样给孩子看。"这句话意义深远，父亲希望通过向老师行礼的方式，来表达对老师的尊敬，让孩子学会尊敬师长。直到现在，我都还会想起那个孩子总是对我投以尊敬的目光。那个孩子长大后又是如何呢？现在的他，成了社会精英，父母行大礼的举动也教会了我："教育不是说教，而是以身作则。"

孩子是看着父母的背影成长的，而不是听着父母的说教成长的，不管父母说得如何有道理，同样的话说再多次，孩子也总是左耳进右耳出。因为孩子虽然表面上听到这些话，但内心却毫无感触。用说教的方式难以打动孩子，父母唯有以身作则，才能与孩子进行真正的沟通。

父母用实际行动去引导孩子，与孩子进行情感交流，会改变孩子的想法，进而决定孩子未来的人生方向。因此，当父母并不容易，父母必须以身作则，无论对任何人，都要秉持真诚良善的态度。父母的习性会影响孩子，父母的情绪也会影响孩子。

情绪稳定的父母养出幸福的孩子

用"我爱你"回应孩子

> 人生至高无上的幸福,莫过于确信自己被人所爱。
>
> ——雨果(Hugo)

对父母来说,孩子是"支撑一切的力量",即使夫妻关系恶劣、经济捉襟见肘,父母只要看到孩子沉睡的脸庞,就有动力继续往前走。孩子是父母的另一个自我,也是克服所有不安和恐惧的力量。对孩子而言,父母也是其生命的能量。就像植物需要阳光,经过光合作用才能开花结果一样,父母就是孩子的阳光。

孩子在学校里什么时候最认真?在进行与父母有关的活

动时，孩子们会流露出最真挚的情感。我在课堂上让孩子写信给父母时，孩子顿时会变成世界上最美丽的花朵。就连活泼好动的孩子也会安静下来，用充满爱意的眼神，紧握着手里的铅笔，一字一句地写下想对父母说的话。

无论是天真可爱的一年级新生，还是刚步入青春期的六年级学生；无论是模范生南淑，还是调皮捣蛋的建宇，他们都一样深爱着父母。父母如果看到孩子这样的表现，一定会忍不住热泪盈眶。

孩子总想表现出自己最好的一面给父母看，于是努力读书，想让父母引以为荣。孩子们心里有很多话想对父母说，有时想告诉父母他们很难过，有时想抱怨他们很累，有时也想对父母表达爱意。

身为父母的我们，是否听得到孩子们的声音？以下这些，是孩子们想对父母说的话。

【二年级】

- 做家务真的好累啊!
- 妈妈,我爱你!
- 妈妈,工作不要太累了,少喝点儿咖啡哟!
- 妈妈,拜托你不要再和爸爸吵架了。
- 妈妈,我可不可以少上几个补习班?
- 妈妈,谢谢你生下我。

【三年级】

- 妈妈,我爱你!
- 谢谢你抚养我长大!
- 妈妈,要好好照顾身体,要加油啊!
- 妈妈,请你不要不顾我的感受,随意批评我。
- 妈妈,晚上不要自己一个人一直玩手机。
- 妈妈,拜托你别再叫我做这个做那个。
- 谢谢你生下我。
- 妈妈,可以不要一大早就发脾气吗?
- 妈妈,可以不要再碎碎念了吗?

- 谢谢你成为我的妈妈。
- 妈妈,可以不要再喝酒吗?

【四年级】

- 妈妈,我爱你。
- 妈妈,可以不要再那么唠叨吗?
- 妈妈,可以多陪陪我吗?
- 妈妈,对不起,我没有乖乖听话。
- 妈妈,对不起,我太爱玩游戏了。还有,我要跟你说我爱你。
- 妈妈,我爱你,还想跟你说对不起。
- 谢谢你抚养我长大。
- 妈妈不要太累哟!
- 妈妈,我爱你。爸爸,谢谢你为我们所做的努力。

【五年级】

- 妈妈,假日可以出去玩吗?
- 可以不要每次都偏袒弟弟吗?

- 妈妈，加油，我爱你。
- 请不要再碎碎念了。
- 真的很谢谢你们。
- 不要生病，要健健康康的哟！
- 妈妈，我没有把包藏起来，请你不要怀疑我。
- 妈妈，可以不要管我穿衣服吗？
- 可以不要限制我玩手机吗？
- 妈妈，请不要再生气了。
- 妈妈，如果有人做错事，请你只骂做错事的那个人，好吗？
- 妈妈，可以不要一直叫我读书吗？

【六年级】

- 妈妈，我爱你。
- 对不起。
- 弟弟也有做错事，不要只骂我，好吗？
- 妈妈，我已经很努力了。
- 妈妈，我明明很认真，拜托你不要再说我都不认真这种话，好吗？
- 妈妈，我不想去上补习班了。

第4章 让孩子情绪温度降低的方法

- 妈妈，我好累哟。
- 妈妈，想哭的时候就哭吧，累的时候就说出来吧。
- 可以不要一直管我吗？
- 妈妈，上补习班好累哟！
- 对不起，我和弟弟吵架让你感到心烦。
- 你叫我做的我都会去做，请等等我。
- 妈妈，可以帮我准备早餐和午餐吗？

很多孩子想对父母说"我爱你！"，现在也请父母真挚地回应孩子："我也爱你！"

如果父母希望孩子活出最美丽真实的样子，洋溢着喜悦和幸福的笑容，请把孩子当成珍贵的客人看待，让孩子拥有自主选择权，放下身为父母的期待和面子，握着孩子的手，用温柔的声音对孩子说："爸爸妈妈很爱你，谢谢你来到我们的生命中，当我们的儿子（女儿）。"

情绪稳定的父母养出幸福的孩子

利用 21 天习惯养成法则，让孩子学会感恩

> 我不在意是否赢得别人的赞赏或批评，我不过遵循自己的感觉罢了。
>
> ——莫扎特（Mozart）

你听过"21 天习惯养成法则"吗？美国哥伦比亚大学医学博士麦克斯威尔·马尔茨（Maxwell Maltz）在其著作《心理控制术》（Psycho-Cybernetics）中曾提到："任何事只要重复练习 21 天，就会变成习惯。"利用 21 天习惯养成法则，你可以培养感恩的习惯，试着练习写 21 天的感恩日记吧！每天找出 3～5 件值得感恩的事，你可以感恩自己、家

人、社会或大自然。在感恩日记里写下前言和感恩的话语，由父母先写下前言，在写下"×月×日第一篇感恩日记"后，接着写感恩家人的话语，还可以在评论里留言感恩的话语。一开始写感恩日记时，一天只要写3条内容，一周后再慢慢增加至5条内容。

你想让感恩成为一种自然而然的习惯，必须展开第二阶段的感恩日记。在完成前面提到的和家人一起撰写感恩日记的第一阶段后，你先休息1个月，再开始进入撰写感恩日记的第二阶段。如果你在第一阶段能找到生活中值得感谢的事情，第二阶段的目标就是通过感谢自己提升自尊感。时常感谢自己，能让感谢变成一种习惯。每天找出5件值得感恩的事，其中1件必须是感谢自己的事。你可以参照"做什么＋怎样做＋我喜欢这样的自己＋谢谢"这种模版，写感恩日记。例如：

> 味噌汤＋家人吃得津津有味的样子＋我喜欢这样的自己＋谢谢→今天早上我煮了味噌汤，特地多放了几颗蛤蜊。看到家人吃得津津有味的样子，我很感动，我喜欢这样的自己，谢谢自己

为家人努力付出的心意。

经常感谢自己，自尊感也会跟着提升。自尊感是能量的来源，能够帮助我们克服困难和痛苦。从脑科学的角度来看，过去的经历和记忆也会影响自尊感。假设 A 记得 10 件自我价值受到肯定的事，B 记得 100 件，相比之下，B 的自尊感当然会更高。"对自己表达感谢"就是在提升自我价值感。进入到写感恩日记的第三阶段时，你必须将自尊感、感恩、感性和创意这些元素结合在一起。你在第 1 项位置写下"感谢自己的话"，第 2～4 项位置可以自由发挥，在第 5 项位置练习表达对大自然的感谢，通过观察风、云、太阳、月亮、星星、花朵、树木的变化，试着写下对大自然的感谢。进入到第三阶段后，你必须增加文章的篇幅。要想增加文章的篇幅，你需要具备融会贯通的能力。在这个过程中，你也能锻炼写作能力和创造力。

父母常怀感恩之心，能让自己的情绪湖变得更宽广，情绪温度也会跟着降低。如此一来，孩子的情绪温度自然也会降低。利用感恩日记培养出感恩的习惯后，你的大脑的记忆库也会产生变化。原本被愤怒占据的记忆库，开始有感恩注入。时常感恩的孩子，脾气不会那么暴躁，脸上也总是挂着笑容。父母撰写感恩日记有助于减少父母和孩子之间的冲突，对孩子的人际关系也有正面影响。当情绪温度降低后，孩子对学习的欲望和热情也会跟着提升。

结　语

孩子是看着父母的
背影长大的

　　孩子出生后来到这个世界，最先接触到的就是父母。孩子从父母身上学习看待世界的角度、寻找人生的方向，在摸索的过程中难免会跌倒犯错。父母所要扮演的角色，就是在一旁守护，适时予以协助，让孩子可以大胆地犯错，进而学习成长。

　　当孩子表现出负面情绪时，通常父母的反应都很敏感。父母看到平时听话的孩子，突然不吃饭或是摔门进房，会感到惊慌失措，担心孩子是不是学坏了。其实，孩子表达负面情绪本身并不是件坏事，父母在急着抗拒之前，应该先了解孩子为何会有这种情绪，应陪孩子一起找到解决情绪的方法。正如本书所提到的，当孩子学会与自己的情绪沟通时，就能以更健康的方式表达和处理自己的负面情绪。

在我们学到的几种处理情绪的方法中，有些方法很简单，我们可以立即实践，有些方法相对困难。人类会遵循既定的惯性行为模式，对于人类的行为，即使是微不足道的小改变，都不是件容易的事。然而，只要我们下定决心，愿意努力尝试，慢慢就能建立新的习惯。如果父母能够管理好情绪，那么在情况紧急的状况下，也能保持冷静，适时转换情绪，孩子自然也能学会调适情绪。当孩子表现出负面情绪时，父母要做的不是斥责孩子，对孩子发脾气，而是试着理解孩子，向孩子提出建议，展现出温和的态度，成为孩子的一面镜子。这么做不只是为了孩子，也是为了父母自己。当父母放下焦虑和压力，让情绪温度降低，为孩子创造一个稳定的环境后，就容易和孩子建立良好的互动关系，亲子之间会变得更加亲密，也能因此获得幸福。

最后，我想和大家分享一对夫妻的故事。我的好友和他

结　语　　孩子是看着父母的背影长大的

的妻子都很爱花草，他们在客厅和阳台种满了绿意盎然的植物。周末，他们一家人经常去附近的湖畔公园野餐。一早出发后，他们就在湖畔树下铺上野餐垫，大人坐着看书，孩子在草地上追蝴蝶。就这样过了一会儿，孩子又回到垫子上和大人一起看书，有时也会对天空飘来的云朵挥手致意。他们肚子饿了，就拿出在家里准备好的食物吃。午餐后，他们并排躺着睡午觉。大人陪孩子在湖畔公园度过一整天的时光，直到湖水被夕阳染成美丽的红色。我的好友说，看到孩子开心的模样，他的内心感到无比幸福。

好友的孩子从来没上过补习班，但是他的学习成绩很出色，目前他在韩国顶尖的大学攻读博士学位。有一天，好友说他接到了正在国外旅游的儿子的电话。儿子跟他说，因为旅行时看到的夕阳太美丽，和以前在湖畔公园看到的夕阳很像，他想起了小时候和爸妈在湖畔度过的时光。好友说他很感谢孩子，不是因为他学习成绩好，而是因为孩子长大后能成为一个温暖的人。我的好友和他的妻子既不是老师，也不是教养专家，我却从他们身上领悟到了教育的真谛。

这本书最终想要传达的信息是"父母不要对孩子说教，

而是要做孩子的榜样"。我期盼陪伴在孩子身边的老师和父母，能在孩子的内心播下爱的种子，成为孩子的支柱，培养孩子的勇气和耐心，守护着孩子。孩子获得了积极向上的动力，即使遇到困难，他也能靠自己解决。试着找出一直被藏起来、未曾面对过的情绪，和情绪展开对话吧！当情绪温度降低后，父母和孩子都会变得更幸福，也能发现世界上更多美好有趣的事物。

未来，属于终身学习者

我这辈子遇到的聪明人（来自各行各业的聪明人）没有不每天阅读的——没有，一个都没有。巴菲特读书之多，我读书之多，可能会让你感到吃惊。孩子们都笑话我。他们觉得我是一本长了两条腿的书。

——查理·芒格

互联网改变了信息连接的方式；指数型技术在迅速颠覆着现有的商业世界；人工智能已经开始抢占人类的工作岗位……

未来，到底需要什么样的人才？

改变命运唯一的策略是你要变成终身学习者。未来世界将不再需要单一的技能型人才，而是需要具备完善的知识结构、极强逻辑思考力和高感知力的复合型人才。优秀的人往往通过阅读建立足够强大的抽象思维能力，获得异于众人的思考和整合能力。未来，将属于终身学习者！而阅读必定和终身学习形影不离。

很多人读书，追求的是干货，寻求的是立刻行之有效的解决方案。其实这是一种留在舒适区的阅读方法。在这个充满不确定性的年代，答案不会简单地出现在书里，因为生活根本就没有标准确切的答案，你也不能期望过去的经验能解决未来的问题。

而真正的阅读，应该在书中与智者同行思考，借他们的视角看到世界的多元性，提出比答案更重要的好问题，在不确定的时代中领先起跑。

湛庐阅读App：与最聪明的人共同进化

有人常常把成本支出的焦点放在书价上，把读完一本书当作阅读的终结。其实不然。

时间是读者付出的最大阅读成本

怎么读是读者面临的最大阅读障碍

"读书破万卷"不仅仅在"万"，更重要的是在"破"！

现在，我们构建了全新的"湛庐阅读"App。它将成为你"破万卷"的新居所。在这里：

● 不用考虑读什么，你可以便捷找到纸书、电子书、有声书和各种声音产品；

● 你可以学会怎么读，你将发现集泛读、通读、精读于一体的阅读解决方案；

● 你会与作者、译者、专家、推荐人和阅读教练相遇，他们是优质思想的发源地；

● 你会与优秀的读者和终身学习者为伍，他们对阅读和学习有着持久的热情和源源不绝的内驱力。

下载湛庐阅读 App，
坚持亲自阅读，
有声书、电子书、阅读服务，
一站获得。

本书阅读资料包
给你便捷、高效、全面的阅读体验

本书参考资料
湛庐独家策划

- ☑ **参考文献**
  为了环保、节约纸张,部分图书的参考文献以电子版方式提供

- ☑ **主题书单**
  编辑精心推荐的延伸阅读书单,助你开启主题式阅读

- ☑ **图片资料**
  提供部分图片的高清彩色原版大图,方便保存和分享

相关阅读服务
终身学习者必备

- ☑ **电子书**
  便捷、高效,方便检索,易于携带,随时更新

- ☑ **有声书**
  保护视力,随时随地,有温度、有情感地听本书

- ☑ **精读班**
  2~4周,最懂这本书的人带你读完、读懂、读透这本好书

- ☑ **课 程**
  课程权威专家给你开书单,带你快速浏览一个领域的知识概貌

- ☑ **讲 书**
  30分钟,大咖给你讲本书,让你挑书不费劲

湛庐编辑为你独家呈现
助你更好获得书里和书外的思想和智慧,请扫码查收!

(阅读资料包的内容因书而异,最终以湛庐阅读App页面为准)

아이를 위한 감정의 온도

Copyright © 2021 by Han Sung Bum.
All rights reserved.
First published in Korean by Porche Publisher.
Translation rights arranged by Porche Publisher through May Agency.
Simplified Chinese Translation Copyright © 2022 by Cheers Publishing Company.

本书中文简体字版由 Porche Publisher 授权在中华人民共和国境内独家出版发行。未经出版者书面许可，不得以任何方式抄袭、复制或节录本书中的任何部分。
著作权合同登记号：图字：01-2022-6821 号

版权所有，侵权必究
本书法律顾问　北京市盈科律师事务所　崔爽律师

图书在版编目（CIP）数据

情绪稳定的父母养出幸福的孩子 /（韩）韩成范著；郑筱颖译. --北京：中国纺织出版社有限公司，2023.1
ISBN 978-7-5229-0125-1

Ⅰ. ①情… Ⅱ. ①韩… ②郑… Ⅲ. ①家庭教育 Ⅳ. ①G78

中国版本图书馆CIP数据核字（2022）第228381号

责任编辑：林　启　　责任校对：高　涵　　责任印制：储志伟

中国纺织出版社有限公司出版发行
地址：北京市朝阳区百子湾东里 A407 号楼　邮政编码：100124
销售电话：010—67004422　传真：010—87155801
http://www.c-textilep.com
中国纺织出版社天猫旗舰店
官方微博 http://weibo.com/2119887771
唐山富达印务有限公司印刷　各地新华书店经销
2023年1月第1版第1次印刷
开本：880×1230　1/32　印张：7.375　彩插：1
字数：125千字　定价：72.90元

凡购本书，如有缺页、倒页、脱页，由本社图书营销中心调换